# 『原本周易』入門

(周易傳義大全 卷首 註解)

# 『原本周易』入門

## (周易傳義大全 卷首 註解)


圓齋 朴用載 編述

韓國休復易經學會 註解

# 目　次

## 제4장　부 론 Ⅰ: 『說卦傳』의 全文註解 / 103



## 제5장　부 론 Ⅱ: 새로운 『繫辭傳』의 全文對譯 / 127

圓齋 朴用載先生의 米壽年을 紀念하며

金 弼 洙(동국대학교 명예교수)

복희씨(伏羲氏)가 획괘(畫卦)하고 문왕(文王)과 주공(周公)이 계사(繫辭)했다고 말할 때, 현재 周易經의 64卦 384爻의 文章들은 문왕과 주공 당시에 만들어져 붙여 들어간 것이겠지만, 卦를 그렸다는 시기는 아주 옛날 文化가 시작되던 때로 거슬러 올라간다.

周易의 '周'字는 선진(先秦) 시기 이전 이른바 三代時期의 마지막 王朝였던 周室을 말하는 時代名이며, '易'字는 이 시기에 형성된 대표적 '經'서인 三經(易.詩.書)의 하나로서, 쉽게 말해서 책이름이라 할 때, 周代 이전의 '夏'와 '殷(商)'代에도 이미 만들어진 卦(畫卦)에 그 당시 王朝建立의 힘들고 어려웠던 사연들이 기록되었던 것인데 이것이 繫辭다.

夏室의 것을 '連山易', 商室의 것을 '歸藏易'이라 했다는 기록만 있고 그 내용들은 없어지고 말았다. 그러나 그 연유는 쉽게 추리해 낼 수 있다. 李成桂는 易姓革命을 성공시키고 朝鮮 개국의 합리적 명분을 정당화하기 위하여 「龍飛御天歌」를 지었다. 『周易』은 이와 같은 周室의 易姓을 정당화시킨 것으로 64卦 384爻의 繫辭가 바로 그 내용이다. 따라서 商室은 자기들의 정당성을 위해서 夏室의 것

(連山繫辭)을 철저히 없애려고 했을 것이고, 周室은 武王의 易姓을 정당화하려고 商室의 것(歸藏繫辭)을 철저히 없애고 周室의 합리적 조국(肇國)을 강조하려는 周易繫辭를 지어 넣게 된 것이다.

오늘날 우리가 보는 周易은 이렇게 해서 형성된 周王朝 성립의 정당성을 설명한 사연을 읽는 것이라 하겠다. 그렇다고 繫辭 전체가 모두 바뀐 것이라고는 보지 않는다. 정치성향이 없는 풍습적인 것이거나 格言句 같은 것들은 그대로 이어져온 것으로 연구가들은 보고 있다.

유흠(劉歆)과 양웅(揚雄)에게서 수학하고 東漢初에 활약한 환담(桓譚, 字: 君山)은 君臣朝野가 모두 도참재이론(圖讖災異論)에 빠져있을 때 그 허황됨을 지적하다가 황제의 노여움을 사 죽을 뻔한 그의 저작에 「新論(29篇)」이 있다(南宋 때 佚失됨). 王充(저작: 論衡) 같은 지독한 비평가도 극찬한 바이었으나, 淸代 손풍익(孫馮翼)이 他書에 인용된 구절들을 收集하여 1卷을 『問經堂叢書』에 수록했는데, 거기에 단지 "連山八萬言. 歸藏四千三百言"이라는 12字를 기록하고 있다.(세상에 전해지는 連山易, 歸藏易은 모두 僞書임). 이 12字로 미루어보면 後漢初까지도 적지 않은 夏·殷의 周代 이전 옛글의 구절들이 전해졌음을 알 수 있다.

文王과 周公이 繫했다고 전하는 '辭'文(繫辭)은 그렇다 치고, 이것보다 훨씬 이전에 형성됐다고 보는 '卦'는 기록상으론 伏羲가 畫卦했다고 기록되어 있으나, 이를 傳說上의 人物로 볼 때 '복희'라는 말을 사용치 않는다고 치더라도 易論에서 卦畫說은 바로 易學의 宇宙論이 始作이되는 것이다. 易學論에서 의미론인

繫辭를 빼고서 卦爻의 모양만 가지고 본다 해도, 易學의 世界觀은 그 固有性이나 特異性으로 보아 他 文化에선 찾아볼 수 없는 文化的 特徵을 지녔다.

이것과 비슷한 시기에 저 '유럽文化'의 시초가 될 수 있는 古代 '그리스'의 '피타고라스'도 우주론을 '數'로 보고서, '調和數'와 '不調和數'가 있는데 前者는 '짝수(偶數)'며 後者는 '홀수(奇數)'로 對待시켜 前者에는 남성, 광명, 창조, 행복, 기쁨, 발전 등을 배합하고, 後者에는 여성, 암흑, 멸망, 죽음, 불행, 슬픔, 패망 등을 배합시켜, 세계는 이 두 요소의 얼크러짐에서 진행된다는 마치 역학의 對待論的 宇宙論과 똑같은 세계관을 세웠었다. 차이점이 있다면 易說에서는 '피타고라스'와는 반대로 '홀수'에 善, 雄, 生을, '짝수'에 惡, 雌, 死로 반대로 된 것이 다르다. 피타고라스는 調和는 창조적인 것으로 부조화(홀수)는 없어짐(멸망)으로 보았기 때문이다. 혹 두(兩) 文明의 交流설 같은 생각은 言語道斷이다.

易學의 卦爻는 거기에 意味論이 介在되기 전에는 순수한 空間學的 記號였다. 본래 순수학문은 沒價值學이었다 할 때 이 '卦爻'를 순수학의 태초라고 말한다면 좀 지나친 말일까? 효상(爻狀)은 '連(이어짐)' '絶(끊어짐)'으로 되었는데, 例를들어 인류 태초의 원시적 사고로 宇宙를 한 '막대'(形相)로 보았다고 할 경우, 이것은 '이어짐(連)'이 아니면 '끊어짐(絶)'이다. 그러면 이 '連'과 '絶'은 우주의 태초적인 기본형일 것이고 이것은 또 다른 그것들과 만나지 않을 수 없는데 그 대상으로 '셋'(三數: 피타고라스도 三數를 偶數와 奇數가 만나서 만들어지는 최초의 完全數

라 함)을 설정했다. 奇와 偶가 세 번씩 만나다 보면 八卦相은 자연적인 귀결로 만들어진다. 乾相은 坤相과, 兌相은 艮相과 對待되어 對比된다.

　이렇게 되어 八卦의 모양이 만들어지는데 여기까지는 순수한 沒價値學이다. 그런데 이 8개의 순수 卦相에 의미를 넣어 생각해 본다면, 현실세계에서 우리 발바닥을 떠받혀주고 또 우리 머리 위를 억누르며 우리를 지배하는 自然 그 자체를 떨쳐버릴 수는 없는 것이다. 이래서 머리 위의 天象, 발을 받여주는 地象, 푹 파인 곳은 澤象, 솟은 곳은 山象으로 卦와 象이 對待되어 配合된다. 天, 地, 澤, 山, 火, 水의 자연의 기능들은 沒價値的 우주론에 意味論으로서 영향을 주어 健, 順, 悅, 止, 麗, 險의 人間的인 規範的 德性까지 가미되기에 이른다. 서양의 학문은 이 8卦 정도의 單純性으로 認識論의 最高類槪念인 '카테고리'(範疇論)로 학문의 출발점으로 삼지만, 고대 동양에선 이것을 확대시켜 '64卦'로 자연 및 인생의 認識論으로 삼은 것이다. 물론 西洋의 10개(아리스토텔레스)範疇와 12개 範疇(칸트)에 비해서 整合性이 없는 雜多한 것이라는 비판을 받을 수 있겠지만 그 문명적 출발점이 전혀 다른 지역들을 비교한 평가는 적절치 못한 것이라 본다. 이 64괘는 인간이 자연 속에서 살아가면서 겪을 수 있는 모든 경우라고 하면 될 것이다.

　周易이 형성된 뒤에 많은 전쟁과 정치적 소용돌이 때문에 周易經의 본모습이 훼손되기도 하고 孔夫子의 '韋編三絶'의 功이 망각되는 시기도 겪었지만 왕보사(王輔嗣), 정부자(程夫子), 섭수심(葉水心), 淸代正儒의 考證學, 甲骨, 帛書易, 民國初에서 現代까지 안목이 뛰어난 준영(俊穎)들에 의해서 "占은 치는 것이 아니다!” 라는 夫子의 말씀을 거의 회복할 수 있는 단계에까지 이르게 되었다.

　그러나 돌이켜 보면, 魏・晉・南北朝 五代를 겪는 동안 道家의 진단(陳搏)・충방(种放)・목수(穆修) 등의 養生術圖가 끼어들어 圖易(圖象)이 易學에 가미되었고, 晉代 이후 유행되던 數學(象數)이 소옹(邵雍(康節))・채원정(蔡元定)에 의하여 융성하게 되니까 朱子가 이를 周易에 넣게 되어 易學은 그야말로 복잡한 양상을 띠게 되었다. 이것은 淸代에 들어와 浙東學派에서 비판받기 시작하여 이때부터 學者라하면 이 面을 批判치 않는 이가 없을 정도가 되었다. 오늘날에는 圖象學이 機械論이긴 하나 그간에 만들어진 古代의 宇宙觀이기에 관심을 갖는 이도 있긴 하나 象數學은 오늘날엔 아무 가치가 없는 초중등학생의 代數學 정도로 치부한다. 그러나 오늘에도 邵雍의 先後天說과 “元・會・運・世”說 같은 循環論的 宇宙觀은 西洋의 학자들도 당시의 고유성 있는 우주관을 세웠다 하여 동양의 다섯 손 안에 드는 天才로 치기도 한다.

　자유롭게 의식을 비약시키면서 공부를 하다보면 혹 이런 생각을 해보기도 한다. 小成卦(單卦)가 한 번 겹쳐져 大成卦(重卦;六爻)가 되었는데, 大成卦를 세 번(3重卦)겹쳐서 ‘九爻’로 된 大成卦가 만들어졌었더라면 옳지 않았나 하는 공상을 해보기도 한다. 그렇게 됐었다면 정말로 복잡하고 다양한 경우의 宇宙觀이 제시됐었을 것이다. 이런 턱도 없는 생각을 해볼 수 있다는 것을 스스로 긍정적으로 평가해 본다면, 圓齋 朴用載先生님의 영향이 아닐까? 하는 생각을 본인은 가끔 해본다. 왜냐하면 선생님은 靈感的인 直觀力이 過人한 能力을 가진 분으로 보기 때문이다.

선생님께서는 平安南道 成川에 대대로 사시다가 24세 되시던 해(1943년), 즉 光復되던 두 해 전에 당시 北鮮 지역이 불안스러운 지역이라고 感知하고 계시다가 家系와 田畓 一切를 정리하여 父母님과 선생님 內外분해서 형제자매 여덟을 이끌고 越南하셨다. 당시 24세밖에 안 되는 젊은 청년의 결정을 따른 것과 당시 논밭 한 떼기 장만하는 데 얼마나 힘들었던 시절이었는데 이를 실천에 옮길 수 있는 그 설득력과 대단한 리더십이었다는 것을 지금 생각해 볼 수 있다. 지금 생각해 봐도 대단한 결정력이었다. 그래서 처음엔 이 방법만이 安心立命의 길이라 생각하셨을 것이다. 그래서 한반도에선 오직 생명을 구할 수 있다는 '兩白間'이라는 豊基에 卜居하시고, 뒤에는 난세를 피난할 수 있다는 "維麻兩水百里境"인 維鳩로, 李芝菡 선생이 그토록 畏敬했던 烏蘇山 밑에 사시다가 새로운 都邑址라는 '新都安'으로, 궁극적으로는 '利'(救命)는 여기밖에 없게 된다는 大田에 定着하시였다. 이 글을 쓰기 전 며칠 전인가 學會가 끝났을 때 저보고 "大田에 와서 살지 않겠나?" 하시기에 "美國에 있던 큰아들이 지금 儒城에 와서 살고 있는 지가 일 년 반 됐어요." 하고 애를 데리고 찾아뵙겠다고 말씀드렸다.

선생님께서는 一宗(겨레종)을 훌륭하게 경영하시어 아무런 해도 없이 富까지도 이룩하셨다. 명석하신 판단력과 직관력의 所致라 할 수 있겠다. 선생님께선 어떤 스승으로부터 사사받아 학문을 하신 것이 아닌 무사독학(無師獨學)이시다. 선생님의 家系는 長壽血統이시다. 先考丈께서는 白壽를 하셨으니 선생께서는 더한 百壽를 하실 것입니다. 평생을 程夫子의 "내 아직 命이 남았는데 아직 上梓하긴 이르다." 하는 道學을 따르셨으니 올해 米壽

의 나이 이신데도 朱文公의 誤謬를 지적한 저작을 내신다는 것
은 대단한 일이다. 朴 선생님께선 앞으로도 결코 象數에는 손대
지 않으셨으면 하는 생각이 간절하다.

　두 해 전에 나온 선생님의 『새로운 繫辭傳研究(章次改修本)』
은 우리나라와 中國의 先正도 손을 못 댔던 傑作이었는데, 이번
上梓本은 그것에 버금가는 業績이 될 줄로 안다.
　마치 明末淸初의 絶義之士 夏峯 孫奇逢 선생을 보는 듯한 감
을 느낀다. 孫 선생은 直隷의 保定人(현: 하북성)으로 50代에 明
의 멸망을 맞고 倡義하여 맹렬한 저항을 하기도 했던 분으로『夏
峯集』30卷이 있다. 이 저작이 60代부터 저작된 것인데 70代는 더
욱 왕성했고 80代에 들어서 가장 활발한 저작활동을 해서 90代 중
반까지 젊은 사람을 능가하는 老益壯을 보이다가 百字에서 ‘一’字
를 빼낸 ‘白壽’(99歲)를 하신 분입니다.

# 緒　辭

아아(啞啞)! 지극히 위대(至偉至大)한 大聖(伏羲　大禹　文王　周公　孔子)들의 創造的 思考에 의하여 成文이 된 『周易』은 그 뜻이 깊고 그윽한 眞理를 간직한 고전(古典)으로서 세상의 지혜 있는 모든 선비들(有智君子)이 깨달아 알기 원하는 책(皆以願欲知之書)이다.

이제, 『原本周易』(『周易傳義大全』)의 총론 부분인 「首卷篇」의 여러 문장(各論)을 누구나 이해하기 쉽도록 편집·개수(改修)하여 『原本周易入門』이라는 이름으로 펴내게 되었다. 진리를 사랑하며 周易의 진리의 세계로 들어가기를 (入門) 원하는 분들은 누구든지 참고 열람(考覽)하시기 바란다.

이 『周易』 속에 있는 眞理, 곧 하늘과 땅 가운데(天地之中) 형체 없고(無形), 색깔 없고(無色), 소리 없고(無聲), 냄새 없는(無臭) 참된 이치(眞理)에 대하여, 세상 사람들이 성의를 다해서 탐색하여 그 眞理를 깨달아 얻고 나면, 그 당사자(當事者) 자신도 능히 聖人君子의 경지(境地)에 도달할 수 있음을 깨닫게 될 것이니, 이 『周易』이라는 서책(書冊)이 얼마나 귀중한 것인가!

　여기서 밝혀두고자 하는 바는, 본 「卷首文」을 개수(改修)하는 編者의 입장(立場)인데, 그것은 孔子의 學說과 朱子 및 諸儒의 學說을 분명히 구별하여서 보아야 한다는 점이다. 주역(周易)의 설괘(設卦)에 관한 학설 가운데에는 孔子學說은 이상적(理想的)인 차원(次元)에서 성안(成案)이 되었으며, 朱子 및 諸儒의 學說은 추상적(抽象的)인 측면(側面)에서 성안(成案)이 되었다 하는 점을 분간하여 인식할 필요가 있다.

　이 『周易』이라는 서책(書冊)이 매우 귀중한 것이지만, 세상 사람들은 『周易』은 참으로 이해하기 어려운 책이라는 전언(傳言)에 얽매여서 쉽게 접근을 꺼리는 경향이 있으나, 그러한 소문은 염두(念頭)에 두지 말고 이 『原本周易入門』을 일람(一覽)해 보기를 권하는 바이다.


檀紀 4340年 丁亥(2007年)

忠南 大田廣域市 西區 槐亭洞

愚人 圓齋 朴用載 (時年八十八) 勤修敢罪

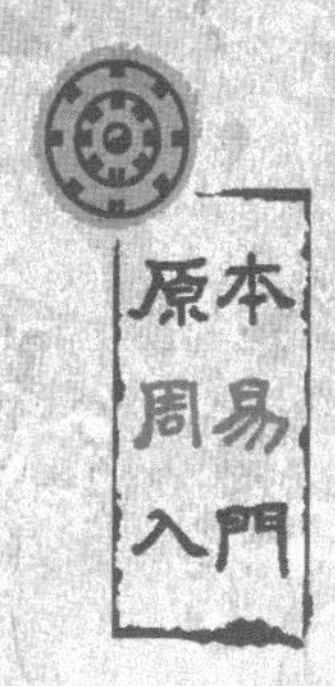

# 제1장 周易本經 入門을 위한 序論

## 1. 머리말

이 책의 목적은 '周易入門'에 도움을 주려는 데에 있다.

이를 위해서 제1장·2장(서론편)에서는 『주역』에 入門하려는 분들에게 『周易』(古典)의 내용을 올바르게 이해하기 위해서, 우선 『周易』의 「繫辭傳」과 「說卦傳」을 이해할 것을 권하면서 『周易』의 「繫辭傳」과 「說卦傳」의 내용을 간단히 설명하였다. 이어서 易의 핵심이 되는 개념들을 요약해서 소개하여 『주역』에 入門하려는 분들에게 도움이 되도록 하였다.

제3장(본론편)에서는, 『備旨具解 原本周易』(『周易傳義大全』)의 「卷首文」을 번역하고 해설을 달았다. 이 「卷首文」은 『周易傳義大全』의 총론적 해설이며, 심오한 역경의 진리를 본(本)으로 하고 있다.

『周易傳義大全』(『原本周易』)의 板本에 대한 해설과 『原本周易』 읽기의 길잡이(緒頭辭)인 「卷首文」의 各論 (1. 凡例, 2. 易說綱領, 3. 易傳序, 4. 易序, 5. 上下篇義, 6. 五贊, 7. 筮儀.)을 번역하고 해설하였다.

제4장·5장(부론편)에서는 「說卦傳」의 註解와 「繫辭傳」의 對譯文을 실어서 『주역』에 入門하려는 분들에게 도움을 드리도록 하였다.

『備旨具解 原本周易』(『周易傳義大全』)은 해방 전부터 오늘에 이르기까지 동양의 고전(古典)인 주역(周易)을 연구하는 모임에서 채택하고 있는 공통적인 교재(敎材)이다.

　이『備旨具解 原本周易』은 明나라의 영락(永樂)년대(1414년)에 칙명(勅命)에 의해 호광(胡廣)을 대표로 하는 40여 명의 학자들이 편찬한『周易傳義大全』을 저본(底本)으로 삼고, 그 본경(易本經)에 우리나라의「주역언해(周易諺解)1)」를 붙여서 敎材로 삼은 것이다. 현재는 明文堂版『備旨具解 原本周易』이 市中에 유통되고 있다.

　『周易傳義大全』은 정자(程子)의『역정전(易程傳)』의「전(傳)」과 주자(朱子)의『역본의(易本義)』의「의(義)」를 따서『傳義大全』이라 하듯이 정주(程・朱)의「역전(易傳)」과「본의(本義)」를 합본하고, 역대의 역학자들의 易說을 細註로 삼아 편집한 것이다. 이『주역전의대전』은 오늘에 이르기까지 周易의 대표적인 주석서(註釋書)의 하나로서 후학들의 주역공부에 큰 도움을 주어왔다.

　『周易傳義大全』의 편집내용과 특색은 다음「卷首」의 解題 중의 범례(凡例)에서 자세히 설명이 되어 있다.「卷首」의 편집 목적은『原本周易』(『周易傳義大全』)의 길잡이로서의 총론적 역할이다.「卷首」의 내용(各論)은 다음과 같다.

　1. 凡例
　2. 程子・朱子의 易說綱領,
　3. 易傳序와 易序,

---

1) 주역언해(周易諺解)는『내각장판(內閣藏板) 삼경언해(三經諺解)』중의 한 편이다.

4. 上下篇義,

5. 五贊,

6. 筮儀 등이다.

이하 제3장 각론에서 간략한 해설과 원문번역을 순차적으로 실었다.


## 2. 周易本經 入門을 위한 준비


### 가. 먼저 『繫辭傳』을 읽고 이해하기

『주역』에 入門하려는 이들에게 『周易』(古典)의 내용을 올바르게 이해하기 위해서는 먼저 『周易』의 「繫辭傳」을 읽고, 그 내용을 이해할 것을 권한다.

(이하 소개하는 「繫辭傳」본문의 장·절 표식은 圓齋 朴用載 編述 『새로운 繫辭傳 研究』의 分章次序에 의거하였음).


『주역』은 누가, 어떻게 지었으며, 무엇을 말하며, 어떻게 읽어야 하며, 그리고 왜 읽어야 하는가? 하는 물음에 대한 해답이 이 「계사전」 안에 모두 밝혀져 있다. 『주역』의 「계사전」은 孔子가 지으신 글이다. 「계사전」은 易經을 직접 해석하고 있는 글들인 易傳(十翼)2) 중에서 그 總論(槪論)에 해당하며, 역사적으로는 수많은

---

2) 易傳(十翼): 易經(本經)을 각각의 입장에서 傳述(해설)하여 經文의 뜻을 해명한 것을 「傳」이라고 하며, 易傳에는 彖傳·象傳·繫辭傳·文言傳·說卦傳·序卦傳·雜卦傳의 七種이 있으며, 이것을 十篇으로 나누어 「十翼」이라 부르고 있다. 「翼」이란 「도운다」는 뜻으로 「經」을 보좌하여 그 뜻을 더욱 밝힌다는 뜻이다.

周易에 관한 先學들의 易說과 學說이 이 「계사전」의 易의 理論을 기초로 전개하였다고 해도 과언이 아니다.

앞에서도 언급했듯이, 「계사전」은 『주역』 전체의 개론(총론)에 해당한다. 주역은 오로지 점치는 책에 머물지 않고, 고도의 철학 사상으로까지 높여 발전시킨 글이며, 동양철학사 상에서도 중요한 논문의 자리를 차지한다.

「繫辭」라는 말은 본래 文王·周公이 주역의 卦·爻 아래에 매달은(繫한) 말(辭), 곧 卦辭·爻辭를 가리키지만, 여기서는 孔子가 易經 全體에 달은 말씀이라는 뜻에서 「繫辭傳」이라는 固有名詞가 된 것으로, 一名 「易大傳」이라고도 한다.

「繫辭傳」은 繫辭의 傳(해석)이므로, 한 卦·한 爻에 한정하지 않고 64괘 384효의 괘사·효사에 공통하는 종합적인 傳(해석)인 것이다. 따라서 역경의 기본적 주제인 '義理'와 '象數'를 해명하고 傳述하는 데에 있다. 그 '義理'라 함은 倫理哲學을[立人之道曰仁與義] 의미하며, '象數'라 함은 易의 象과 數를 이름이며, '象數' 중의 '象'을 설명한 것은 「說卦傳」의 주제이지만, 여기(繫辭傳)에서는 주로 8괘 및 64괘를 성립시키는 '天地의 數'와 '大衍의 數' 같은 立筮(揲蓍求卦)에 관한 기초적인 數에 대해서 해명하고 있다. 「계사전」은 본래 上·下 두 편으로 편성된 글인데, 이하에서 그 대강을 설명한다.

## 나. 「繫辭上傳」의 槪要

1) 『周易』의 철학은 天·地·人이라는 三極說과 三才의 道(原理)에서부터 그 시원(始原)이 이루어져 있다. 孔子의 저술인 「繫辭傳」(상전, 제1장 1절)에 보면, "하늘(天)은 높고 땅(地)은 낮으니 건(乾)과 곤(坤)이 정하여진 것이요" (天尊地卑하니 乾坤이 定矣요), "건(乾)의 도는 남성을 이루고 곤(坤)의 도는 여성을 이루며", (乾道成男하고 坤道成女하며), "쉽고 간요함(易簡)으로서 능히 천하의 이법(理法)을 얻으니, 사람이 천하의 이법을 얻음으로써 (人의) 자리(位)를 그 가운데 이루었느니라." 하고 있다. (易簡而天下之理得矣니 天下之理得 而成位乎其中矣니라).

또한, 「繫辭傳」(상전, 제1장 2절)에 보면, 聖人이 易의 卦를 베푸신 것(聖人設卦)을 언명한 자리에서, "성인(聖人)이 괘(卦)를 베풀었으니……變化라는 것은 나아가고 물러남의 상징(象)이요 (變化者는 進退之象也오), 剛함과 柔함이란 낮과 밤의 상징(象)이요 (剛柔者는 晝夜之象也오), 육효(六爻)가 변동함은 삼극(三極)의 도(道)이니라 (六爻之動은 三極之道也니라)"고 하였다.

위의 글에서 밝힌 바와 같이, 天·地·人의 三極의 道와 三才說은 『周易』의 八卦(「伏羲八卦圖」)가 그려질 수 있는 논리적 근거가 마련된 것이다.[자세한 내용은 이 책의 제2장 3절 (天·地·人 三極說과 三才說)을 참조하기 바람.]

2) 『易』이 탐구하는 對象은 天地의 原理와, 天地 中의 神明을 기본으로 한다.

계사상전, 제2장 1절에서는, 주역이라는 글(책)이 탐구하는 對

象의 범위에 대해서 설명하고 있다.

"易이 與天地準이라 (易은 천지의 원리를 준칙(準則)으로 한 것이다.)"3),

"易이 與天地相似라 (易은 천지와 더불어 서로 같은 것이다.)"4),

"易이 範圍天地之化라.(易은 천지의 조화(造化)를 본으로 한다.)"5) 하였다.


3) "乾・坤"의 개념은 易의 원리의 바탕이다.

계사상전, 제3장 1절에서는 '乾・坤'의 개념을 바탕으로 하여

---

3) 易이 與天地準이라 故로 能彌綸天地之道하나니
   仰以觀於天文하고 俯以察於地理라 是故로 知幽明之故하며 原始反終이
   라 故로 知死生之說하며 精氣爲物이오 游魂爲變이라 是故로 知鬼神之
   情狀하나니라.
   (易이 천지의 법리와 더불어 비기는지라
    그러므로 능히 천지의 도를 두루 다스리나니,
    우러러서 하늘의 현상을 보고 구부려서 땅의 이치를 살피는지라
    이러므로 깊어서 보이지 않는 것과 명료하게 보이는 것의 연고를 알며,
    처음을 본원으로 하여 끝에 제자리로 돌아가는지라.
    그러므로 죽고 사는 원리를 아느니라.
    신묘한 기운이 유형물이 되고 혼이 떠나면 죽음으로 변하는지라,
    이러므로 귀신의 정상을 아느니라.)

4) 與天地相似라 故로不違하나니, 知周乎萬物而道濟天下라 故로 不過하며,
   旁行而不流하야 樂天知命이라 故로 不憂하며, 安土하여 敦乎仁이라 故
   로 能愛하나니라
   (천지와 더불어 서로 같은지라 그러므로 어기지 아니하나니, 아는 지혜는
    만물에 두루 미치고 도는 천하를 구제하는지라 그러므로 잘못되지 아니
    하며, 두루 행해도 흘러넘치지 아니하며 하늘을 즐거워하고 명을 아는지
    라, 그러므로 근심하지 아니하며 있는 자리(土에) 편안히 해서 덕 있는
    사람 노릇을 힘써 하는지라, 그러므로 능히 (만물을) 사랑하느니라.)

5) 範圍天地之化而不過하며 曲成萬物而不遺하며 通乎晝夜之道而知라 故로
   神无方而易无體하나니라.
   (천지의 조화(造化)를 본떠서 지나치지 아니하며, 만물을 골고루 이루어
    서 빠뜨리지 아니하며, 밤낮의 도를 통하여 주도하는지라, 그러므로 신은
    일정한 방소(方所)가 없고 易은 정해진 체상(體相)이 없느니라.)

易의 원리를 이해할 수 있도록 해설한 것이다.

4) '易의 天地之數'(天一, 地二……)에 대해서

계사상전, 제4장 1절에서는 '易의 天地의 數'(天一, 地二……)의 본원에 대해서 설명하고 있다. 이 '數'의 본원은 「說卦傳」의 "참천양지(參天兩地)"라는 구절이 '數'의 출처로서 그 본원을 밝힌 글이다.

5) '易의 대연수(大衍數)'에 대하여

계사상전, 제5장에서는 "易의 大衍數"에 대하여 설명하고, 설시(揲蓍) 구괘(求卦)하는 방법에 대해서 설명하고 있다.

## 다. 「繫辭下傳」의 概要

1) 복희(伏羲)의 8卦圖와 64卦圖에 대해서

계사하전에서는 제1장, 2장, 3장이 모두 복희(伏羲)의 八卦圖를 기본으로 하여 64괘도를 圖劃化할 수 있도록 하는 방법을 설명하고 있으며, 따라서 因而重之(팔괘 곱하기 팔괘)하여 64괘에 이르기까지 爻가 그 中에 있음을 해명하고, 易의 應用 事例를 제시하고 있다.

2) 乾·坤의 德行에 대해서

계사하전, 제4장에서는 乾·坤의 德行을 설명하고 있다.

3) 『易』의 「書」됨에 대해서

계사하전, 제5장에서는 易의 書 됨에 대해서 세 번식이나 되풀

이 하여 설명하고 있다. 易을 공부하는 이들은 심사숙고함이 필
요하다.

## 라. 「說卦傳」을 읽고 이해하기

1) 易 十翼(易傳) 중의 <繫辭傳>과 <說卦傳>은 周易 전체의
槪論이며, 易을 占書로서만 보지 않고, 高度의 哲學書로 그 가
치를 높인 중요한 글로서, 중국철학사상에서도 중요한 논문이다.

<說卦傳>은 前半과 後半으로 나누어 볼 수 있으며, 前半은
<繫辭傳>과 마찬가지로 易 全體의 槪論이며 매우 간결한 要約
이다. 後半은 八卦의 象徵을 수많이 제시하고 있으며, 篇名은 卦
를 說明한다는 뜻이다.

통행 易經 중의 說卦傳의 分章은 주희(朱憙)의 <易本義>의 편
집 형식에 따라 11장으로 나누어져 있다. 그러나 역경 주석가에
따라서는 <본의>의 분장이 번거롭다 생각하여 5장 또는 6장으로
나누는 경우도 있다. 여기 圓齋 (朴用載)선생의 설괘전 연구는 5
장으로 나누어 해설되어 있다. 자세한 내용은 본서 제4장. 부론 Ⅰ
편 (설괘전 해설편)에 소개되어 있으므로 참고하기 바란다.

2) 說卦傳의 構成(分章)과 成文內容

제1장 聖人의 作易說
(1) 神明과 生蓍에 대하여. (지상에 시초가 자생함을 명료하게
    밝히는 글)

(2) 參天兩地와 倚數에 대하여. (계사상전 4장[통행본 9장] 머리
　　글에 天一, 地二 운운 하는 數의 出處 本原을 명시하는 글)
(3) 陰陽과 立卦, 剛柔와 生爻. (易중 64괘 괘명과 384효의 九
　　六에 관한 글)
(4) 易은 逆數다. (곧 伏羲八卦의 序次를 밝힘)


제2장 伏羲八卦의 應用에 대한 意義를 밝히는 글.
제3장 伏羲八卦와 文王八卦의 卦德, 卦才 또는 位에 대하여.
제4장 宇宙 안의 諸般 事物의 妙理를 밝혀내는 글.
제5장 周易八卦의 廣義. (廣八卦의 才氣說과 結語)

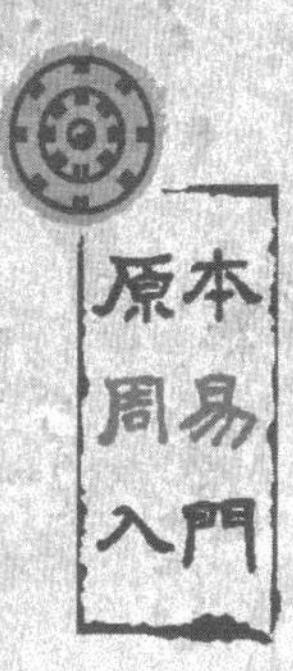

# 제2장 易의 핵심이 되는 命題

# 1. 「易數」의 槪念 (數의 起源說)

『周易』의 기본사상은 역수(易數)와 역상(易象)과 역리(易理), 그리고 역점(易占)이라는 수(數)·상(象)·리(理)·점(占)에 근거를 가진다. 그중의 역수(易數)는 宇宙 大自然의 섭리(攝理) 안의 眞理를 本源으로 한 '數', 곧 天地의 數에 그 기원(起源)을 둔다.

## 1) 參天兩地而倚數의 뜻, 그리고 天地의 數

『周易』의 「說卦傳」(제一장)[6]에 "參天兩地而倚(기)數"[7][하늘의 수에 땅을 짝으로 해서 수를 밝히시다.]라는 구절이 있다.

---

6) 第一章

昔者聖人之作易也에 幽贊於神明而生蓍하고

參天兩地而倚(기)數하고

觀變於陰陽而立卦하고 發揮於剛柔而生爻하니

數往者는 順코 知來者는 逆하니 是故로 易은 逆數也니라

제1장은 聖人의 作易說에 대한 설명이다.
1. 神明과 生蓍에 대하여 (지상에 시초가 자생함을 명료하게 밝히는 글.)
2. 參天兩地와 倚數에 대하여
   (계사상전 4장 [통행본 9장] 머리글에 天一, 地二 운운하는 數의 出處(本原)을 명시하는 글.)
3. 陰陽과 立卦, 剛柔와 生爻에 대하여 (易중 64괘 괘명과 384효의 九六에 관한 글.)
4. 易은 逆數다 (곧 伏羲八卦의 序次를 밝힘.)

7) '參天兩地'의 音은 '참천양지'이며, '兩' 은 '짝 配' 라는 뜻이다. '倚'의 음은 '기'이며, 뜻은 '立·明'으로서 곧 '입안해서 밝히다'는 뜻이다. '數'는 이치(理致) 수, 헤아림 수(계산)이다. 또 1.2.3.~10이라는 數.

이 구절은 계사상전 4장의 [통행본 9장] "天一, 地二, 天三, 地四, 天五, 地六, 天七, 地八, 天九, 地十" ('天地之數')에서 밝힌 數의 本源을 설명한 글이다.

天地人 三極 중의 變化 無常한 眞理的인 數를 함유하고 있는 '天'에 '地'를 짝으로 하여 "天一, 地二, ~ 天九, 地十"이라는 數를 立案해서 밝혔음을 뜻한다.

여기의 參(참)字는 수를 뜻하며, 天地人 三才의 道로서 千差萬別의 眞理的인 數, 곧 빽빽하게 들어서고 뒤섞여 가지런하지 않은 數[密密叢立(밀밀총립) 參差(참치)不齊(부제)한 數]를 뜻한다. 또한 이 數는 귀신이 행하는 數 즉 陰陽五行의 數 또는 河圖와 洛書의 數의 본원이 된다.

## 2. 「易象」의 槪念

### 1) 河圖와 洛書

역학입문을 위해서 이해해야 할 여러 가지 개념 중에, 역수(易數)와 역상(易象), 역도(易圖)의 개념을 이해함이 매우 중요하다.

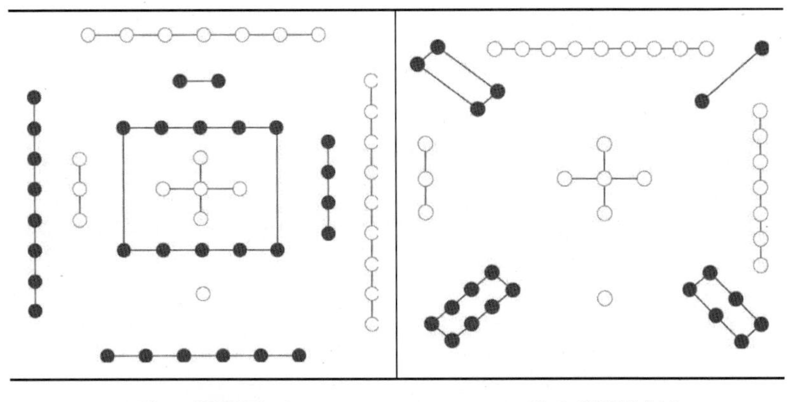

그림 1 河圖(하도)　　　그림 2 洛書(낙서)

이 「河圖와 洛書」의 전거(典據)는 『주역(周易)』 「계사전(繫辭傳)」상전(上傳) 제4장(현행본 11장)에 나오는 다음 글이다.

"是故로 天生神物이어늘 聖人이 則(用)之하며, 天地變化이어늘 聖人이 效之하며, 天垂象하야 見吉凶이어늘 聖人이 象之하며, **河出圖하며 洛出書이어늘 聖人이 則之(效則)하니**"

(이런고로 하늘이 神物을 내시었거늘 성인이 이를 (神에 의지하여 기구를 만들어) 본받아 썼으며, 천지가 變하고 化하거늘 성인이 본받았으며, 하늘이 때로 상징을 드리워서 吉兆와 凶兆를 나타내 보이거늘 성인이 이를 본뜨며, **河水에서 河圖가 나오고 洛水에서 洛書가 나오거늘 성인이 이를 본받아 쓰니라.**)

이 「河圖와 洛書」는 전승(傳承)에 따르면, 世人으로 하여금 宇宙의 變化無常하는 眞理를 사람이 알게 하기 위해서 自然의 動物인 하마(河馬)와 영구(靈龜)의 등[背]에 나타내 보인[발로(發露)한] 것이라고 한다.

　그런데 「河圖와 洛書」의 數와 方位에 대해서는 『계사전』에 있어서 다만 "河出圖 洛出書 聖人則之"라고만 서술되어 있을 뿐이다. 그런데 계사상전 4장의 [통행본 9장] "天一, 地二, 天三, 地四, 天五, 地六, 天七, 地八, 天九, 地十"('天地之數')에서 밝힌 數는 天地宇宙 가운데에 陰陽五行(金木水火土)의 氣局數로서 自然法則에 의하여 발로(發露)된 것이다.

　"天一　地二　天三　地四　天五　地六　天七　地八　天九　地十이니, 天數五요　地數五라, 五位相得하야　而各有合하니, 天數　二十有五요, 地數　三十이라, 凡天地之數　五十有五니, 此所以成變化하며　而行鬼神也라. ['行鬼神也'의 '行'은 '流行' '爲' '使'의 뜻과 같다.]"

　"天의　수　一, 地의　수　二, 天의　수　三, 地의　수　四, 天의　수　五, 地의　수　六, 天의　수　七, 地의　수　八, 天의　수　九, 地의　수　十이니, 하늘의　수가　다섯이요, 땅의　수가　다섯이다. 다섯 자리가 서로 어울리며 각각 합함이 있으니, 하늘의 수가 二十五요, 땅의 수가 三十이라.
　무릇 천지의 수가 五十五니, 이것이 변화를 이루며 귀신을 행하게 하는 바라."

　여기에 '行鬼神也'라 함은 곧 이 세상(世上)의 제반사(諸般事)가 천태만상(千態萬象)의 만별(萬別)로 발로(發露)되는 것이 바로 진리(眞理)라는 것이다.

　**가)**　하도(河圖): 이 「河圖와 洛書」 가운데 도면(圖面)[권점(圈點)]으로 나타낸 數와 方位, 그리고 오행(五行) 관계를 살펴보면,

하도(河圖)에서는 북방(北方)의 1과 6은 水가 되며, 南方의 2와 7은 火, 東方의 3과 8은 木, 西方의 4와 9는 金, 그리고 중앙(中央)의 5와 10은 土를 나타내게 된다. 이 數는 하늘(우주)의 무상(無常)변화(變化)하는 眞理를 내포한 數이다.

하도(河圖)는 음(陰)의 체상(體相)으로서 양(陽)의 용사(用事)를 하는 것인바, 따라서 그 순서(順序)를 북방(北方)의 1·6수(水)에서부터 다음 동방(東方)의 3·8목(木)으로 순행(順行)하여, 오행(五行)으로서는 수생목(水生木)하고, 다음으로 남방(南方)으로 행하여 2·7화(火)는 오행(五行)으로서는 목생화(木生火)가 되며, 다음에는 중앙(中央)으로 5·10토(土)로서 오행(五行)으로는 화생토(火生土)가 되며, 다음 서방(西方)으로 4·9금(金)으로 행하면 토생금(土生金)이 되며, 오행(五行)의 상생(相生)의 순서로 금(金)이 수(水)를 생(生)하면, 이것이 바로 오행(五行)상생(相生)의 무궁(無窮)하는 도(道)가 되며, 아울러 만물(萬物)의 생양(生養) 수장(收藏)하는 도(道)를 갖게 되는 것이며, 또는 동서남북(東西南北)의 수(數)가 춘하추동(春夏秋冬)의 사시(四時)의 순서(順序)로도 된다.

**나)** 낙서(洛書)에서는 정북방(正北方)의 1은 陽水, 서남간방(西南間方)의 2는 陰火, 정동방(正東方)의 3은 陽木, 동남간방(東南間方)의 4는 陰金, 중궁(中宮)의 5는 陽土, 서북간방(西北間方)의 6은 陰水, 정서방(正西方)의 7은 陽火, 동북간방(東北間方)의 8은 陰木, 정남방(正南方)의 9는 陽金을 나타내게 된다.

낙서(洛書)의 그 중요성은 宇宙 中의 구궁(九宮)이라는 數에 있다. 또한 『서경(書經)』[상서(尙書)] 가운데 「홍범(洪範) 구주(九疇)

」의 자목(子目)인 "일왈(一曰) 오행(五行), 이왈(二曰) 오사(五事), 삼왈(三曰) 팔정(八政), 사왈(四曰) 오기(五紀), 오왈(五曰) 황극(皇極), 육왈(六曰) 삼덕(三德), 칠왈(七曰) 계의(稽疑), 팔왈(八曰) 서징(庶徵), 구왈(九曰) 오복(五福)"이라는 數에 있다.

그리고 낙서(洛書)는 오행(五行)[水火木金土]에 내함(內含)한 수장(收藏)적 眞理를 가지고 있으며, 중요한 意義가 된다. 이 오행의 순서는 역(逆)으로 [또는 상극(相剋)으로] 되어 있다. 낙서(洛書)의 1과 6은 北方의 水로서 이로부터 오행(五行)이 시작되며, 2와 7은 西方의 火이므로 수극화(水克火)가 되며, 4와 9는 南方의 金이니 화극금(火克金)하게 되고, 3과 8은 東方의 木이 되니 금극목(金克木)하게 되고, 다음 중궁(中宮)의 5는 토(土)이므로 목극토(木克土)가 된다. 이러하여 낙서(洛書)는 오행(五行) 상극(相剋) 무위(無違)의 道로서 天下萬物을 수장(收藏)하는 眞理를 가지고 있으니, 이런 것을 하도(河圖)와 낙서(洛書)의 수(數)의 용사(用事)라 하는 것이며 곧 神의 用事인 것이다.

## 3. 天·地·人 三極說과 三才說

여기에, 삼극설(三極說)의 三極은 천극(天極), 지극(地極), 인극(人極)이며, 삼재설(三才說)의 三才는 天의 陰·陽, 地의 剛·柔, 人의 仁·義를 말한다. 앞의 서론에서도 언급했듯이, '易'의 始原은 天·地·人의 三極의 道(思想)에 있다. 곧, 『周易』의 철학은 天·地·人이라는 三才의 道(原理)에서부터 그 始源이 이루어져 있다.

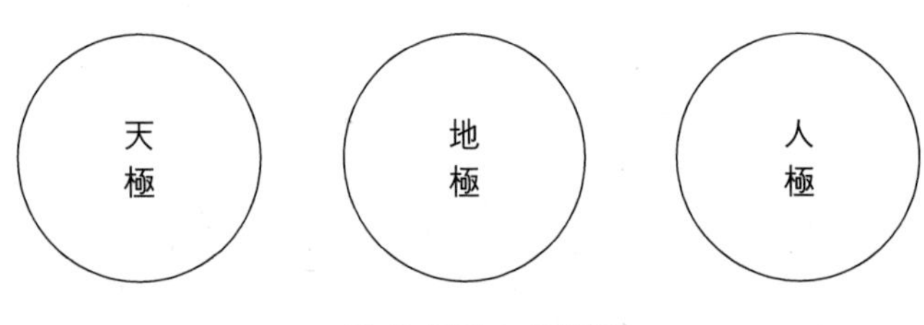

그림 3 天地人 三極說

　여기 天地人의 三極이라함은 천극(天極), 지극(地極), 인극(人極)을 이름이며, 극(極)이란 한 덩어리를 의미한다. 곧 하늘에는 陰陽이 아직 나뉘지 않은 때(際), 땅에는 剛柔가, 사람에게는 男女가 아직 나뉘지 않은 때를 뜻함이다.

　그리고 삼극설(三極說)을 삼재설(三才說)로 바꾸면 이 중에는 역서(易書)를 倫理學으로 응용할 때에 해당되는 文句가 된다.

　孔子의 저술인 「繫辭傳」(상전, 제1장 2절)에 보면, 聖人이 易의 卦를 지으신 것(聖人設卦)을 언명한 자리에서,

　"聖人이 괘(卦)를 베풀었으니……變化라는 것은 나아가고 물러남의 상징(象)이요 (變化者는 進退之象也오),
剛함과 柔함이란 낮과 밤의 상징(象)이요 (剛柔者는 晝夜之象也오), 육효(六爻)가 변동함은 삼극(三極)의 도(道)이니라 (六爻之動은 三極之道也니라)"고 하였다.

　또한, 「說卦傳」(제2장)에 보면,

　"옛날에 聖人이 易을 지을 때, 性命의 理를 따랐다. 그러므로 天의 道를 이룬 것을 陰·陽이라 하고, 地의 道를 이룬 것을 剛·柔라 하고, 人의 道를 입안(立案)해서 세운 것을 仁·義라고 했다. 三才를 겸해서 둘로 했다. 그러므로 易은 六畫으로 卦를 이루었고, 天은 陰과 陽으로 나뉘었고 地는 剛과 柔로 나뉘었으며, 人은 仁과 義로 나뉘니 그러므로 易은 六位로 文章을 이루었다."

[說卦傳 第二章: 昔者聖人之作易也는  將以順性命之理니, 是以
立天之道曰陰與陽이오,  立地之道曰柔與剛이오,  立人之道曰仁與
義니, 兼三才而兩之라,  故로  易이六畫이成卦하고,  分陰分陽하며,
迭用柔剛이라,  故로  易이六位而成章하니라.]

위에서, 사람(人)에 대하여 "立人之道曰仁與義"라 함은 後人들
이 易學을 공부하여 未來를 예측(占)하는 데 있어서 卜筮도 중
요하지만, 역경을 공부하는 데 있어 倫理·哲學的으로 보도록 하
기 위하여 쓰신 글로 보아야 할 것이다. 이 점을 후학들이 참고
하기 바란다.

그림 4 天地人 三才說

以上은 三極說과 三才說의 근거가 되는 것이며, 위의 글에서
밝힌 바와 같이, 天·地·人의 三極의 道로부터 『周易』의 八卦
(「伏羲八卦圖」)가 그려질 수 있는 논리적 근거가 마련된 것이다.
곧 三極說은 八卦圖面에 관한 說이며, 三才說은 易의 倫理的
應用에 대한 說이다.

## 4. 伏羲八卦圖의 初案說과 圖案

　『易』에서 陰陽이라 함은 天道(천체운행의 궤도)의 南·北을 分界線(縱線)으로 나눈 東(左)쪽이 陽이며, 西(右)쪽을 陰이라 한다.

　剛柔라 함은 地道의 東·西를 橫線으로 分界한 중에 南쪽을 剛이라 하는데, 곧 年中 햇빛(日光)을 많이 받는 쪽이 剛이며, 햇빛을 적게 받는 쪽을 柔라고 한 것이다.

　萬物의 雌雄(자웅)이라 함은,「繫辭傳」(상전, 제1장 1절)에 “건(乾)의 도는 남성을 이루고 곤(坤)의 도는 여성을 이루며”, (乾道成男하고 坤道成女하며), 함과 같이 天道(乾道)의 힘을 剛하게 받으면 男性이 되고, 地道(坤道)의 힘을 剛하게 받은 것이 女性이 되었으며, 陰氣를 많이 받은 것이 雌(암컷)가 되고 陽氣를 많이 받은 것이 雄(수컷)이 되었음을 의미한다.

　이것이 『易』(계사하전, 제1장)에서 말한 “近取諸身, 遠取諸物”인 것이다.

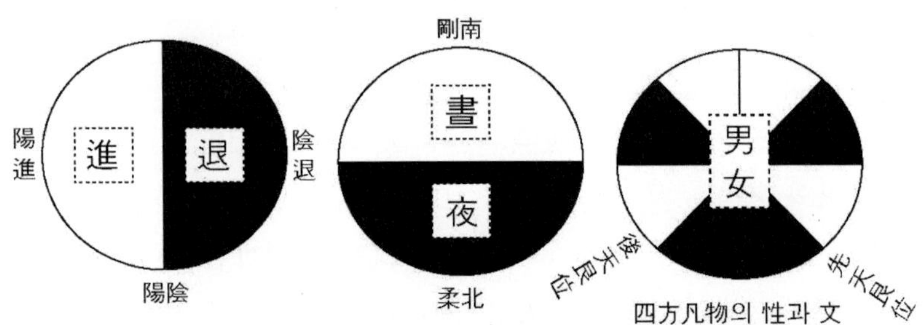


그림 5 陽陰(進退)·剛柔(晝夜)·雌雄(男女)

## 5. 八卦의 起源 및 伏羲八卦說, 文王八卦說

### 1) 八卦의 起源과 應用

孔子의 서술인 「繫辭傳」(상전, 제1장 2절)에, 聖人이 易의 卦를 그으신 것(設卦)에 대해 언명한 전거를 보면, "성인(聖人)이 괘(卦)를 베풀었으니 (聖人이 設卦하야)……變化라는 것은 나아가고 물러남의 상(象)이요 (變化者는 進退之象也오), 剛함과 柔함이란 낮과 밤의 상(象)이요 (剛柔者는 晝夜之象也오), 육효(六爻)가 변동함은 삼극(三極)의 도(道)이니라 (六爻之動은 三極之道也니라)"고 하였다.

또한 「說卦傳」(제2장)에, "옛날에 聖人이 易을 지을 때, 性命의 理를 따랐다. 그러므로 天道를 이룬 것을 陰·陽이라 하고, 地道를 이룬 것을 剛·柔라 하고, 人道를 밝힌 것을 仁·義라 하고 三才를 겸해서 둘로 했다. 그러므로 易은 六畫으로 卦를 이루었고, 陰으로 나뉘고 陽으로 나뉘어 剛柔를 번갈아 썼다. 그러므로 易은 六位로 文章을 이루었다."[여기 六位라 함은 初·三·五의 陽位와 二·四·六이 陰位를 뜻함.]

(說卦傳 第二章): 昔者聖人之作易也는 將以順性命之理니, 是
以로 立天之道曰陰與陽이오, 立地之道曰柔與剛이오, 立人之道
曰仁與義니, 兼三才而兩之라, 故로 易이六畫이成卦하고, 分陰分
陽하며, 迭用柔剛이라, 故로 易이 六位而成章하니라.

위의 글에서 밝힌 바와 같이, 天·地·人의 三極의 道와 三才

思想으로부터 『周易』의 伏羲八卦圖 및 六十四卦圖가 그려질 수 있는 논리적 근거가 마련된 것이다.

이 設卦說(始作八卦說)은 孔子의 서술인 주역 계사상전(제1장2절)에 "성인의 설괘"라는 글 밑에 "變化라는 것은 나아가고 물러남의 상(象)이요 (變化者는 進退之象也오), 剛함과 柔함이란 낮과 밤의 상(象)이요 (剛柔者는 晝夜之象也오), 육효(六爻)가 변동함은 삼극(三極)의 도(道)이니라(六爻之動은 三極之道也니라)"고 한 글이 주역의 伏羲八卦圖와 아울러 六十四卦圖를 도획화할 수 있도록 상세히 설명해 놓은 문장이다.

또한 이를 보충 설명한 글로서 계사상전(1장2절)에 "易有太極하니 是生兩儀하고 兩儀生四象하고 四象이 生八卦라" 하였는바, 이로써 易卦圖說의 전거는 충족하다 하겠다.

## 2) 伏羲八卦圖와 六十四卦圖

伏羲八卦圖[그림 6]는 上記한 「1) 設卦說 (八卦의 起源)」에서 설명한 바에 따라서 도획화(圖畫化)한 것이다. 이 괘도는 첫째로 太極의 象[○]을 그리고, 이 太極象[○] 외곽(外廓)에 天의 陰陽象을 左陽 右陰 [◐]으로 그리면, 이것이 一太極 二兩儀의 象이 된다. 이 그림을 기본으로 하여 그 외곽(外廓)에 剛柔의 象을 南剛 北柔 [◓]으로 그려 놓으면, 이것이 太陽·少陰·少陽·太陰의 象이 자연적으로 四象[◎]의 象이 이루어진다. 다음에 이 四象의 외곽(外廓)에 만물(凡物)의 자웅(雌雄)의 象을 더하면, 伏羲八卦圖가 자동적으로 성립된다.[그림 5와 6 참조]

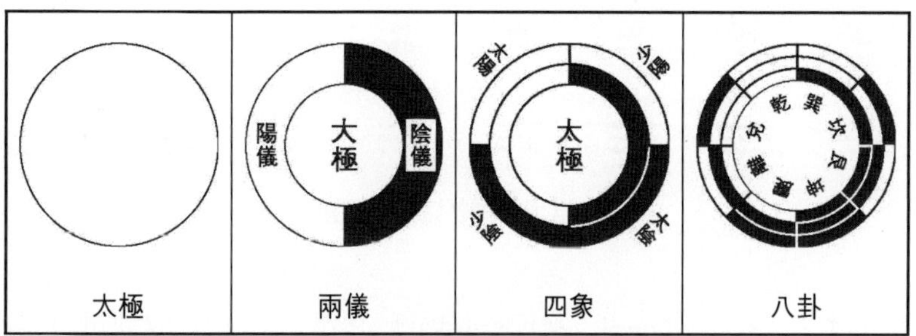


그림 6 太極·兩儀·四象·八卦圖

그림 7 伏羲八卦方位圖

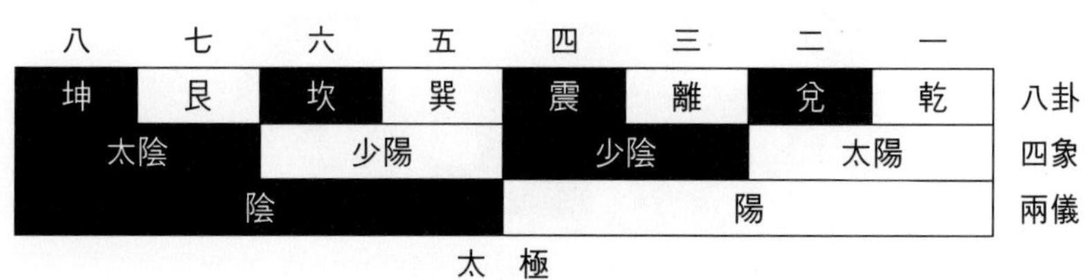


그림 8 伏羲八卦 次序圖

| 坤 | 艮 | 坎 | 巽 | 震 | 離 | 兌 | 乾 |
| 八 | 七 | 六 | 五 | 四 | 三 | 二 | 一 |

그림 9  伏羲八卦(成列圖)

그리고「繫辭傳」(하전, 제1장 1절)에 의하면, "八卦成列하니  象
在其中矣오,  因而重之하니  爻在其中矣오"라  하였는데, 이  伏羲
八卦의  성렬(成列)의  象에  다시  八卦를  곱(乘)하면, 이것으로  六
十四卦의  橫圖는  자동적으로  성립된다.[그림 11  참조]

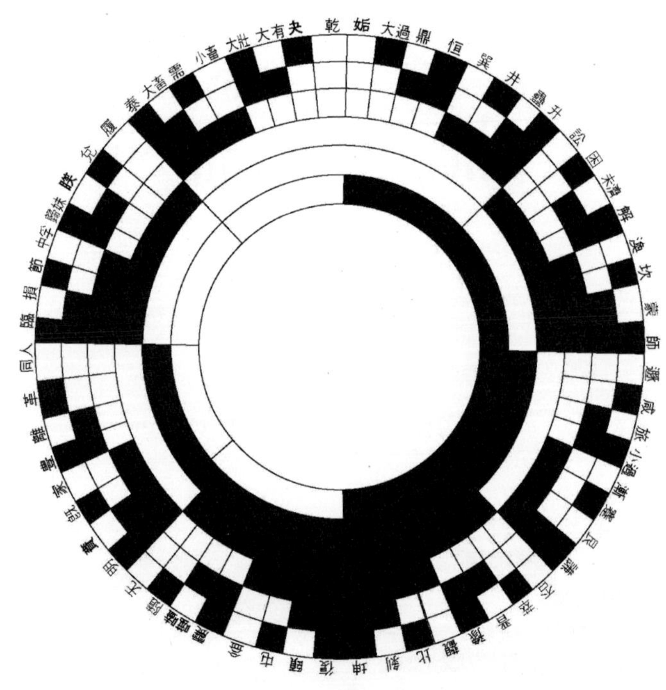

그림 10  伏羲六十四卦圖

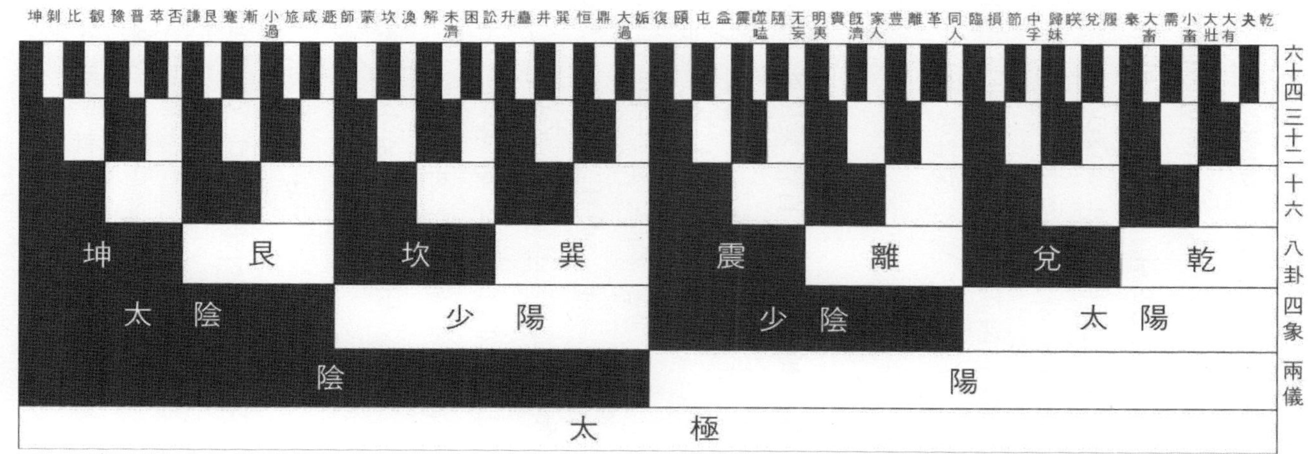


그림 11 伏羲64卦次序圖(成列圖)

朱子의 伏羲八卦說에 따르면, "성인이 『易』을 처음 지으실 적에, 앙관(仰觀) 부찰(俯察)하여 천지 사이에 一陰 一陽의 原理로 가득 참을 보고 알 수 있도록 하시니, 이러한 이치(理)가 있으면 이런 象이 있고, 이 象이 있으면, 그 數가 그 안에 있는 것이요, 특별히 河圖와 洛書만이 그러한 것은 아니다.

대개 數라는 것은 다만 이 氣(天氣)의 分限과 節度處에 陽을 얻으면 반드시 奇(數)가 되고, 陰을 얻으면 반드시 偶(數)가 되니, 모든 사물이 다 그러하나, 특히 河圖와 洛書에서 교묘하고 현저하다."

이러한데, 聖人이 天地의 數에서 自然 變化의 道(이치)가 있음을 보시고, 이로 인하여 陽의 象으로서 墨(검은색)으로 표시하고, 하나를 그어(획일, 畫一) 그 이름을 奇(기, 홀, ━)라 하고, 둘(짝으로)을 그어(兩畫) 그 이름을 偶(우, 짝, ╌)라 하였다. 그런 다음에 兩奇(두 홀수, ═)의 象을 그어서 그 이름을 太陽이라 하고, 한 홀수(一奇)와 한 짝수(一偶)를 함께 그리어 그 이름을 少陰(소음, ═)이라 하고, 한 짝수(一偶)와 한 홀수(一奇)를 함께 그리어 그 이름을 少陽(═)이라 하고, 한 짝수(一偶)와 한 짝수(一偶)를 함께 그리어 그 이름을 太陰 (태음, ═)이라 하였다.

그리고, 이 太陽(═)의 그림(圖) 위에 한 홀수(一奇)의 象을 더하여 그려서 그 이름을 乾(☰)이라 하였다. 이 乾(☰)이 곧 伏羲八卦 (乾·兌·離·震·巽·坎·艮·坤) 중의 第一 首卦의 명칭인 것이다. 이어서 太陽 위에 한 짝수(一偶)의 象을 더하면 ☱가 되니 이름 하여 兌卦니, 이것이 복희팔괘 중의 제이괘가 된다. 다음 제삼괘는 前例와 같이, 少陰 상에 一偶의 象을 더하면 ☲

이 되니 이름 하여 震卦라 하며 제사괘가 되고, 제오괘는 少陽의
위에 一奇를 더하여 ☴이 되며 이름 하여 巽卦라 하고, 제육괘는
少陽 위에 一偶의 象을 더하면 ☵이 되며 이름 하여 坎卦라 하
고, 제칠괘는 太陰의 위에 一奇를 더하여 ☶이 되며 이름 하여
艮卦라 하고, 太陰상에 一偶의 象을 더하면 ☷이 되며 이름 하
여 坤卦라 하고 제팔괘가 되니, 이 第一卦인 乾卦로부터 第八卦
인 坤卦까지를 伏羲八卦라고 이름 하는 것이다.

## 3) 文王八卦方位圖說에 대해서

文王八卦方位에 대해서는 「說卦傳」(5장)에 나타나있다. 소자(邵
子)(邵康節)가 설명하기를, 文王八卦는 용(用: 쓰임)에 들어가는
자리(乃入用之位)이며, 후천의 학문이라(後天之學也) 하였다.

朱子가 설명하기를, "易은 한 번 陰하고, 한 번 陽하는 것을
이른다(一陰一陽之謂易). 震과 兌는 처음 사귄 것이기 때문에(震
兌始交者也), 아침과 저녁의 자리에 해당한다.(故當朝夕之位). 坎
과 離는 사귐의 극치이기 때문에(坎離交之極者也), 子方과 午方
에 해당한다(當子午之位也). 巽과 艮은 사귀지 않았으되 음양이
섞였으므로(巽艮不交而陰陽猶雜也), 用(쓰임) 가운데 치우친 방
위에 해당하며(故當用中之偏), 乾과 坤은 순양과 순음이기 때문
에(乾坤純陰純陽也) 쓰이지 않는 자리에 해당한다.(故當不用之
位) 하였다.

[이 문왕팔괘설에 대해서 더 자세히 알고자하면, 『原本周易(주
역전의대전)』의 「卷首」각론 중의 「易本義圖」를 참고하기 바란다.]

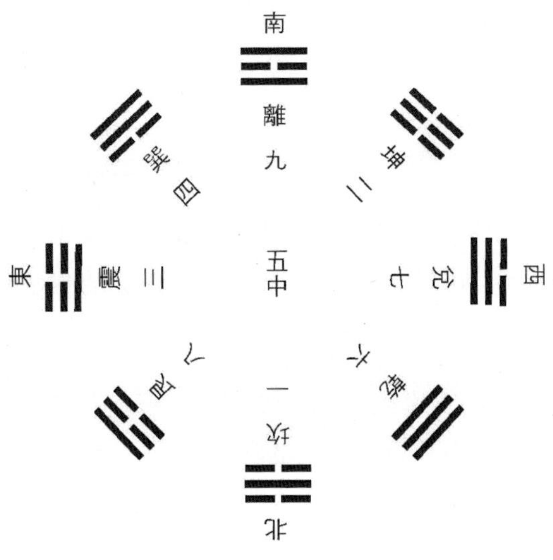

그림 12 文王八卦 方位圖

이 文王八卦 方位圖는 洛書 九宮중에서 中央의 五位를 제외하고, 그 바깥 八方에 伏義八卦에 金木水火土의 五行을 배속시켜서 八方에 配布한 것이다. 八卦五行은 坎은 水, 坤은 陰土, 震은 陽木, 巽은 陰木, 乾은 陽金, 兌는 陰金, 艮은 陽土, 離는 火이다.

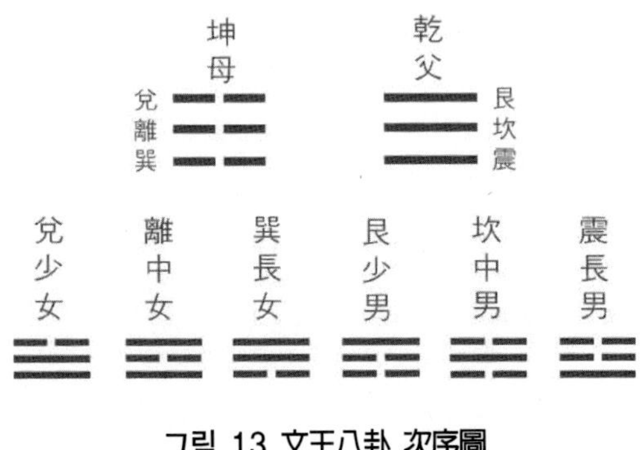

그림 13 文王八卦 次序圖

# 6. 大衍數 五十說(筮法의 起源)

周易에는 聖人의 道가 넷이 있다고 한다[繫辭上傳, 4장].

(易有聖人之道 四焉하니, 以言者는 尙其辭하고, 以動者는 尙
其變하고, 以制器者는 尙其象하고, 以卜筮者는 尙其占하나니,
子曰 易有聖人之道四焉者 此之謂也라).

1) 易을 활용하여 말하려는 사람은 易經의 말씀[辭]을 숭상하
는 것이다.[以言者는 尙其辭하고]
2) 易을 활용하여 행동하려는 사람은 易의 變化를[행동하되 어
떻게 변해야 하느냐 함을] 숭상하는 것이다.[以動者는 尙其變하고]
3) 易을 활용하여 무엇인가 그릇(器)을 제작하려는 사람은 易
의 象을 숭상하는 것이다.[以制器者는 尙其象하고]
4) 易을 활용하여 未來의 凶吉을 豫測[占]하려는 사람은[卜筮
者] 易經의 占辭를 숭상하는 것이다.[以卜筮者는 尙其占하나니라]

이 글의 네 번째에, "卜筮者**와** 尙其占"이라는 말은 周易의 중
요한 用途를 지적한 것으로 주목해야 할 것이다. 그러나 易經에는
卜筮(복서) 또는 占筮 하는 法例가 있음을 제시하지만, 그 방법
곧 筮法[揲蓍求卦法]에 대하여서는 대략만을 풀이했을 뿐 구체적
인 설명이 부족하다. 그 筮法의 원초적 근거가 되는 글이 여기서
해설하려는 大衍數章이다.[繫辭上傳, 5장(통행본 9장)참조]

大衍數章의 첫머리는 [大衍之數 五十이니 其用은 四十有九이

라]는 글로 시작된다. 이 [大衍의 數 50]으로 시작되는 글은 筮
法의 근거인 數의 의미를 설명하려는 것이다. '大衍의 數'는 천
지의 운동, 현상을 펼쳐 보이고[布衍] 演繹(연역)하는 數를 말한
다.[衍(연)은 演(연)과 같다]

'五十'의 내용에 대해서는 여러 가지 설명이 있다. 朴圓齋 선생
은 "[大衍之數 五十]은 河圖의 中宮의 數인 五와 十을 불려서(늘
려서) 이것을 五十으로 확대한 것이다[衍以極之]." 하였고, 朱子
는 "天數五와 地數十을 乘(승)한 것이 五十이다." 하였다. 後漢의
鄭玄은 "天地의 數가 五十五인데, 그중에 五行의 氣는 天地에 공
통으로 존재하므로 五를 감(減)해서 五十이 된다."고 하였다.

[大衍의 數 50說]: [繫辭上傳, 5장 제1절(통행본 9장)]

대연의(大衍: 크게 늘린) 수(數)가 50이며, 그 씀은 49다.
나누어 둘로 만들어서 양의(兩儀)의 象으로 본하고,
하나를[새끼손가락 사이에] 걸어 셋[三才: 天·地·人]을 본떴고,
넷씩 세어가져[揲之以四] 네 때[四時]의 象으로 본하고,
奇[넷씩 세고 남은 홀수의 점대]를 [왼손 가운데 세 번째 손가락
사이에] 낌에 맡겨서[歸奇於扐] 윤달(閏)의 象으로 하고,
5년에 두 번 윤달 드는 고로, 故로 두 번 낀 뒤에 거러 두느니라.

大衍之數五十이니 其用은 四十有九이라.
分而爲二하야 以象兩하고,
掛一하야 以象三하고,
揲之以四하야 以象四時하고,

歸奇於扐하야 以象閏하나니,
五歲에 再閏이라. 故로 再扐而後에 掛하나니라.


[이 句節은 "四營과 十八變으로 筮法"(本筮法)을 설명하고 있
는 것이다. 다만 이곳은 대략의 설명이므로 자세한 해설은 本書
제3장 제6절 「筮儀」편에 상세히 설명되어 있으니 그곳을 참고하
기 바라며, 아울러 본서 제3장 제5절 「五贊」 중의 (다). "明筮"편
을 참조할 것].


重天乾의 책수[점대]가 216이요, 重地坤의 책수가 144이다.
모두 360이니, 一년의 날수에 해당하고,
乾之策이 二百一十有六이요 坤之策이 百四十有四라.
凡三百有六十이니 當期之日하고,


[이 구절도 占筮法과 관련이 있다. 重天乾☰☰의 책[점대]의
수가 (乾之策이) 216이며, 重地坤☷☷의 책수(坤之策)가 144이다.
모두 360이니 한 해의 날수에 해당한다.


곧 "四營과 十八變 筮法"에 따르면, 三變해서 얻는 한 爻가
老陽[九 □]이 되면, 그 '過揲의 策數'는 36책수가 된다. 이 36
(책수)에 6(효)을 곱하면 216(책수)가 된다. 이것을 '乾之策이
216'이라 한 것이다. 또한 三變해서 얻는 한 爻가 老陰[六 'X']
이 되면, 그 '過揲의 策數'는 24책수가 된다. 이 24(책수)에 6(효)
을 곱하면 144(책수)가 된다. 이 乾坤卦의 책수의 합이 360이며,
이것이 한 해의 날수에 해당한다고 한 것이다].

　두 篇의 책수[점대]가 11,520으로, 만물의 수에 해당하니,
이런 이유로 네 번 경영하여[四營] 易을 이루고, 18번 變하여 卦
를 이루니,
　여덟 괘로서 작게 이루어[小成] 이끌어 펴며, 무리[類]를 접촉
하여 자라게 하면[大成], 天下의 능히 할 수 있는 일들을 다 하
리라.


　二篇之策이　萬有一千五百二十이니　當萬物之數也라.
　是故로　四營而成易하고　十有八變而成卦하니,
　八卦而小成하야　引而伸之하며　觸類而長之하면
　天下之能事畢矣라.


　[여기서 '二篇'은 周易의 上下經 두 편을 가리킨다. 易本經 전
체는 64괘·384효로 이루어지고, 이 384효 가운데 陽爻가 陰爻
로 각각 192효가 된다. 陽爻는 老陽으로 그 책수는 36[9×4]책이
며, 陰爻는 老陰으로 그 책수는 24[6×4]책이다. 陽爻 192효에 老
陽의 책수 36책을 곱하면 6,912책이 되며, 陰爻 192효에 老陰의
책수 24책을 곱하면 4,608책을 얻는다. 이 둘을 합하면 11,520책
수가 되는데, 이는 대략 만물의 수에 해당한다. 萬物의 萬자는
가득 찬 數라는 의미에서 취한 것이다].


　易經(繫辭傳)에　卜筮(占筮)하는 법례[기능]이 있음을 제시하지
만, 그 방법[筮法]에 대해서는 대략만을 풀이했을 뿐 구체적인 설
명이 부족하다. 그러나 위의 大衍數章은 그 筮法의 기원적 근거
가 되며, 이것을 바탕으로 筮法體系가 점차로 발전하게 되었다.
그리하여 繫辭傳에 근거하여 占筮法이 확립된 것은 宋代의 朱子

가 정리한 「筮儀」의 "揲蓍求卦法"이 제시된 이후라 할 것이다.

　茶山 丁若鏞은 그의 『周易四箋』에서 「계사전」을 주해하면서, 이 大衍數章을 따로 독립시켜 "蓍卦傳" 한 편을 저술하였다. 그 첫머리를 다음같이 쓰고 있다. "周易은 筮占하는 것이다[易은 所以筮也라]. 그러나 그 점대를 펴서 卦를 구하는 法을 전한 곳은 있지 않고, 오직 「繫辭上傳」의 한두 쪽에만 그 뜻을 말한 곳이 있는데, 그런대로 가히 그 큰 몸을 깨달을 수 있는지라, 故로 朱子가 말하기를 "시초를 세어 갖는 法은 『周禮』에 '太卜에게 다스리게 했다.' 하고서, 그 法이 반드시 매우 자상하며 세밀하지만, 지금은 볼 수가 없고, 오직 大傳(계사전)의 이 두어 글귀 있음에 힘입어서, 가히 대략 비슷함을 볼 수 있기 때문에, 이제 추측해 보더라도 또한 通하지 못할 것은 없을 것이다" 하였으니, 이제 「大傳」에서 시초점한 卦의 글을 취해서, 따로 나타내 밝혀 간략히 註내어 풀이를 더했거니와, 도리어 兩漢 이래로 秘訣의 책들이 크게 일어나고, 잘못된 뜻이 공공연히 행해져, 그릇됨을 이으며 잘못된 것을 익혀옴으로 마침내 지금까지 이른 것이니, 만일 그 周公·孔子의 뜻과 어그러진 곳이 있는 곳에서는 감히 분별치 않을 수 없노라."(涵齋 金在泓 『周易四箋口訣』참조).

　이 大衍數章을 근거로 해서 筮法이 정립되었음은 이상과 같으나, 그 筮法의 자세한 내용에 관해서는 本書 제3장(『周易傳義大全』卷首(各論)의 註解)의 제6절 「筮儀」편에서 상세히 해설되어 있으므로 읽어보기 바라며, 제3장 제5절 「五贊」중의 (다). "明筮"편도 아울러 참조하기 바란다.

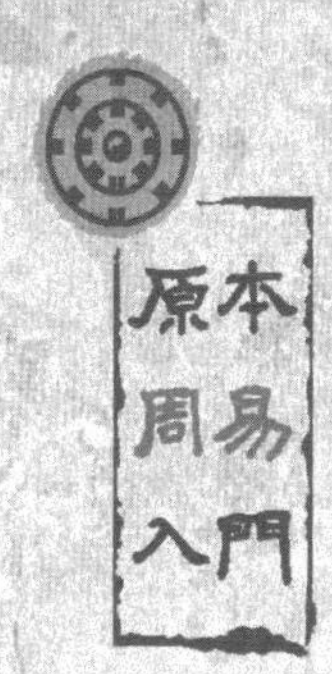

# 제3장 본 론:

## 『周易傳義大全』卷首(各論)의 註解

## 1. 『周易傳義大全』凡例

1) 周易은 [그 처음에] 상경(上經)과 하경(下經)의 2편(篇)과 孔子의 십익(十翼) 10편(篇)8)이 각각 [독립된] 한 권(卷)의 책으로 되어 있었다.

전한(前漢)시대의 [역학자(易學者)] 비직(費直)이 처음으로 [십익(十翼) 중의] 단전(彖傳)과 상전(象傳)을 가지고 경문(經文)을 해석하면서 경문(經文) 뒤에 붙여놓았다.

정현(鄭玄)과 왕필(王弼)이 이를 본받아 괘사(卦辭)와 효사(爻辭) 아래에 이를 [단전(彖傳)과 상전(象傳)을] 각각 나누어서 붙여놓았으며, 또한 [十翼 중의] 문언전(文言傳)을 건곤(乾坤) 두 괘(卦) 아래에 더 나누어 넣어놓고서 [건곤문언], 비로소 "단(彖) 왈(曰)·상(象)왈(曰)·문언(文言)왈(曰)"이란 문구를 덧붙임으로써 經文과 구별하였다. 그리고 계사전(繫辭傳) 이후는 예전 그대로 두었으니 이후 역대(歷代)로 이것을 따랐다.

이것이 지금의 역경(今易)이다. 정자(程子: 정이(程頤)가 『역정전(易程傳)』을 지어 만들고, [아울러 이 편제에 따라 朱子의 「周易本義」를 합찬(合纂)한 것이] 이『周易傳義大全』이다.

숭산(嵩山)의 조열지(晁說之)가 옛 역경(古經)을 처음으로 고정(考訂)하여 8권으로 바로잡고, 동래(東萊)의 여조겸(呂祖謙)이 이에 經 2권과 傳 10권으로 고정(考訂)하였는데 이것이 옛 역경(古

---

8) 十翼(易傳): 易經(本經)을 각각의 입장에서 傳述(해설)하여 經文의 뜻을 해명한 것을 「傳」이라고 하며, 易傳 에는 彖傳·象傳·繫辭傳·文言傳·說卦傳·序卦傳·雜卦傳의 七種이 있으며, 이것을 十篇으로 나누어 「十翼」이라 부르고 있다. 「翼」이란 「도운다」는 뜻으로 「經」을 보좌하여 그 뜻을 더욱 밝힌다는 뜻이다.

易)이 되는 것이며, 주자(朱子)의 『역본의(易本義)』가 이것을 따랐다.

그러나 『역정전(易程傳)』과 『역본의(易本義)』가 이미 아울러 통용되고 있는데도, 여러 학자들이(諸家) 역경을 고정(考訂)함이 또한 각기 다르기 때문에, 이제 [곧 이 『周易傳義大全』의 편재는] 『역정전(易程傳)』을 원본(元本)으로 정하여 따르고, 『역본의(易本義)』는 이에 [『역정전(易程傳)』의] 기준을 따라서 비슷하게 [나누어] 편찬하였다.

역경의 본문(經文)은 다 평행(平行)으로 쓰되(편집), 정전(程傳)과 본의(本義)는 한 글자를 내려써서 경문(經文)과 구별했고, 계사전(繫辭傳) 이하는 정전(程傳)에서는 빠져있으므로, 한결같이 본의(本義)가 정한 분장(分章) 차서(次序)를 따라서 총 24권9)으로 편집·정리하였다.


2) 『정전(程傳)』은 『왕필본(王弼本)』[왕필의 주역주(周易注)]에 의거하였으므로, 본경의 64괘만이 있고, 계사전(繫辭傳) 이후는 해석(傳)이 없다. 이에 천태(天台) 동씨(董氏)의 예(例)를 본받아서 동래(東萊)의 여씨(呂氏)가 모아 엮은 정자(程子)의 경설(易說)로 보충하되, 다만 "程子曰"이라 일컬어 주(註)와 분별해 씀으로써 정전(程傳)과 구별하였다.


3) 『易程傳』과 『易本義』의 간행본(刊行本) 중에 간혹 빠졌거나 잘못된 글귀가 있는데, 이제 모든 책을 모아서 교정을 보고, 그 전함이 같거나 다른 두 가지가 있을 때는 동래(東萊)의 여씨(呂

---

9) 『周易傳義大全』은 「上·下經」이 21권, 「계사上·下전」2권, 「설괘전·서괘전·잡괘전」이 1권으로 총 24권이다.

氏)의 구례(舊例)[10]에 따랐다.

4) 『이정문집(二程文集)』의 「유서(遺書)·외서(外書)」와 『주자(朱子)문집(文集)』의 「어류(語類)」에서 역(易)에 언급한 것을, 이제 천태(天台) 동씨(董氏)의 『부록(附錄)』과 파양(鄱陽) 동씨(董氏)의 『부록(附錄)』 2본을 취합해서 서로 참고하여 고정(考訂)하되, 『역정전(易程傳)』과 『역본의(易本義)』에서 뜻이 서로 같으며 또 발명함이 있는 것을 취해서, 각기 나누어 『정전』과 『본의』의 다음에 주(註)를 하고 "정자왈(程子曰)·주자왈(朱子曰)"로써 구별했다.

정자(程子)의 두 「서문(序文)」과 「상하편의(上下篇義)」, 주자(朱子)의 「도설(圖說)·오찬(五贊)·서의(筮儀)」, 그리고 程子·朱子 이가(二家)의 경문(經文) 중에서 要義를 바탕으로 해설한 「역설강령(易說綱領)」은 두 동씨(董氏)의 『부록(附錄)』과 『계몽(啓蒙)』의 제서(諸書)를 참고하여 별도로 뜻을 만들어 예(例)를 책의 [권수편(卷首篇)] 끝에 정리하니 저절로 한 권이 되었다.

제가(諸家)[細註]의 역설(易說)은 한결같이 『정전(程傳)』과 『본의(本義)』를 종(宗)으로 삼아 절충하되, 그 말(辭)과 논술(論)의 정순(精醇)과 이치(理)와 상(象)의 밝고 마땅함을 아울러 취해서 『정전(程傳)』과 『본의(本義)』의 뒤에 나누어 주(註)를 달음으로써 『정전(程傳)』과 『본의(本義)』를 우익(羽翼)하고, 그 동이(同異)와 득실(得失)은 선유(先儒)인 쌍호(雙湖) 호씨(胡氏)와 운봉(雲峯) 호씨(胡氏)가 이미 논정(論訂, 바로잡음)하니, 또한 상세히 가려서 붙여 편찬했다.

---

10) 구례(舊例): 동래(東萊)의 여조겸(呂祖謙)이 고역(古易)을 주석한 「고주역(古周易)」을 말한다.

5) 본경(本經)의 문자 중에 해당하는 음(音)은 천태(天台) 동씨(董氏)의 예에 따르되, 『여씨(呂氏) 음훈(音訓)』을 참고해서 그 아래에 바로 붙였고, 『정전(程傳)』과 『본의(本義)』사이에 간혹 음(音)을 다르게 읽는 것은 밝게 식별하였다.

6) 경문 글귀를 나누는 점 (經文圈點句絕)이 『정전(程傳)』과 『본의(本義)』사이에 같지 않은 곳이 있으니, 이제 한결같이 『本義』로써 바름을 삼았다.

## 2. 易說綱領: 程子의 易說綱領 (全文)과<br>朱子의 易說綱領 (要約)

이 「易說綱領」은 『周易傳義大全』(原本周易)의 「卷首」篇中에 실린 程子와 朱子의 「易說綱領」을 번역한 글이다. 두 분의 『易』에 대한 思想의 일면을 들어낸 글로서 周易을 이해하는 데 도움이 되는 글이다. 그 내용은 두 분이 직접 쓴 것인지는 분명치 않으나, 제자들의 손에 의해서 평소의 「語錄」을 정리한 것이라는 데는 의문의 여지가 없다.

### 가. 程子의 易說綱領 (程子曰)

① 하늘의 싣고 있음(실체)이 소리도 없고 냄새도 없으니, 그 체(體)는 역(易)이라 이르고, 그 이치(理)는 道라 이르며, 그 작용(用)은 신명(神)이라 이른다.

上天之載 無聲無臭하니 其體則謂之易이오 其理則謂之道요 其
상 천 지 재　　무 성 무 취　　　　기 체 즉 위 지 역　　　　기 리 즉 위 지 도　　　기
用則謂之神이라.
용 즉 위 지 신

② 음(陰)과 양(陽)이 닫혔다 열렸다 함이 역(易)이고, 한 번
닫히고 한 번 열리는 것을 변(變)이라 이른다.

陰陽闔闢이 便是易이오 一闔一闢을 謂之變이라.
음양 합 벽이　　편 시 역　　　　일 합 일 벽　　위 지 변

③ 역(易)이라 명명(命名)한 것이 이치(理)가 있으니, 만일 안
배(按排)해서 정했다면 다시 무슨 이치가 있겠는가? 하늘과 땅의
음양(陰陽)변화(變化)가 두 짝의 연자방아 같아서, 오르고 내리며,
채우고 이지러지며, 강(剛)하고 유(柔)함이 처음부터 멈추거나 쉬
지 않되, 양(陽)은 항상 성(盛)하고 음(陰)은 항상 이지러지는 것
을 본(本)으로 하는 까닭에, 서로 가지런해지지 않으니, 마치 연
자방아가 움직여 이가 맞지 않는 것과 같아서, 가지런하지 아니
함으로 만 가지 변화를 낳는 것이다.

그러므로 물건이 가지런하지 못한 것은 물건의 성정인데도, <장
주(莊周)>가 억지로 물건을 가지런히 하고자 하나, 물건이 종내
가지런히 되지 못한 것이다. 요부(堯夫) [소강절(邵康節)]이 말씀
하기를 "구멍을 바르는 것은 종일 붙어 있을 수 있으나 / 물건을
가지런히 하려면 가는 곳마다 다투네."라고 하였다.

命之曰易이 便有理니 若安排定이면 則更有甚理하니 天地陰陽
명 지 왈 역　　편 유 리　　약 안 배 정　　　　즉 갱 유 심 리　　　천지　음양
之變이 便如二扇磨하야 升降盈虛剛柔－初未嘗停息이로대 陽常
지 변　　편 여 이 선 마　　　승 강 영 허 강유　　초 미 상 정 식　　　　양 상

盈하고  陰常虧故로  便不齊하니  譬如磨旣行하야  齒都不齊니라.
旣不齊라야  便生出萬變이라. 故로  物之不齊는  物之情也어늘  而
莊周－强要齊物이나  然而物終不齊也라.  堯夫[邵康節]－有言호대
泥空은  終是著이요  齊物은  到頭爭이라 하니라.


④『주역』 가운데는 다만 반복함(反復)과 가고 옴(往來)과 오
르고 내리는 것(上下)을 말했다.


易中에  只言反復往來上下라.


⑤『주역』을 지은 것이 하늘과 땅의 어둡고 밝음으로부터 곤충
과 초목의 미세한 것까지 합치되지 않음이 없다.


作易者－自天地幽明으로  至于昆蟲草木微細히  無不合하니라.


⑥ 聖人의 道는 하도(河圖)와 낙서(洛書)가 처음에 획(畫)밖에
없었으나 그 가운데서 뜻이 나온 것과 같고, 후세 사람은 이미
괘(卦)를 거듭하고(8괘 × 8괘＝64괘) 또한 말을 붙여 놓았으나 애
써 구하더라도 반드시 그 이치를 얻었다 할 수 없다.


聖人之道는  如河圖洛書－其始  止於畫上에  便出義나  後之人
은  旣重卦하고  又繫辭  求之라도  未必得其理라.


⑦ 토끼를 파는 사람을 보고 말씀하기를, “聖人이 河圖와 洛書

를 보고 팔괘(八卦)를 그으셨으나, 어찌 반드시 河圖와 洛書라야
하리오? 이 토끼만을 보더라도 또한 팔괘를 만들 수 있고, 숫자도
이(토끼) 가운데서 일으킬 수 있으나, 옛 성인(聖人)이 다만 신령
스러운 물건이 잘 나타나는 것을 취하였을 뿐이니, 비록 수목(樹
木) 같은 것에서도 또한 숫자를 발견할 수 있다."

因見賣兔者하고  曰  聖人이  見河圖洛書而畵八卦시나  然이나
何必圖書리오.  只看此兔라도  亦可作八卦요  數便此中可起나  古
聖人이  只取神物之至著者耳니  只如樹木이라도  亦可見數니라.

⑧ 장굉중(張閎中)이 묻기를 "역(易)의 뜻이 본래 수(數)에서
시작되었습니까?" 답하기를 "뜻이 수에서 나왔다함은 그릇된 것
이다. 이치가 있은 뒤에 상(象)이 있고, 상이 있은 뒤에 수가 있
으니, 역은 상으로 인해서 수를 아는 것이다. 그 뜻을 얻으면 상
과 수는 그 가운데 있다. 반드시 상의 은미한 것을 궁리하려 하
고, 수의 작은 것까지 다하려 하여 말류(末流)를 좇아감은, 술수
(術數)를 쓰는 사람들이 숭상하는 것이고 선비의 힘쓸 바는 아니
니, 관로(管輅)와 곽박(郭璞)의 학문이 이러한 것이다."

또 말씀하기를 "이치는 형체가 없기 때문에 상으로 인해서 이
치를 밝혔고, 이치는 말(辭)에 나타나 있으니, 말로 인해서 상을
볼 수 있는 것이다. 그러므로 그 뜻을 얻으면 상과 수가 그 가운
데 있다고 한 것이다."

張閎中이  問易之義ㅡ本起於數잇가.  曰謂義起於數則非也라.  有
理而後에  有象이요  有象而後에  有數니  易은  因象以知數라.  得

其義則象數－在其中矣니라.  必欲窮象之隱微하고  盡數之毫忽하
야  乃尋流逐末은  術家之所尙이요  非儒者之所務也니  管輅郭璞之
學이  是也라.

又曰理는  无形也라  故로  因象以明理하고  理見乎辭矣니  則可
由辭以觀象이라.  故로  曰得其義則象數－在其中矣라.


⑨ <요부(堯夫)(邵康節)>에게 묻기를, "역(易)의 수(數)를 아는
것이 하늘을 아는 것입니까? 역(易)의 이치를 아는 것이 하늘을
아는 것입니까?" <요부>가 답하기를, "역의 이치를 알아야 하늘
을 아는 것이 된다."라고 했다.


謂堯夫曰知易數－爲知天이니잇가.  知易理－爲知天이니잇가.  堯
夫云－還須知易理라야  爲知天이니라.


⑩ 윤돈이 묻기를 "역은 「건괘」와 「곤괘」의 두 괘면 다 되는
것이 아닙니까?" 답하기를 "성인이 64괘와 384효를 베풀어 놓아
도 후세 사람이 아지 못하는데, 「건괘」와 「곤괘」의 두 괘로 어떻
게 다 될 수 있겠는가?" 그리고 또 말씀하기를 "자네는 누가 위
의 64괘를 만들었다고 생각하는가?" 답하기를 "성인이 만들었습
니다." 말씀하기를 "성인이 64괘를 만들었다면, 「건괘」와 「곤괘」의
두 괘도 필요치 않을 것인데, 하물며 64괘이랴?"


尹焞이  問易乾坤二卦－斯可矣니잇가?  曰聖人이  設六十四卦
三百八十四爻라도  後世－尙不能了어늘  乾坤二卦로  豈能盡也리

오. 旣而曰子ㅣ以爲何人이 分上事오? 對曰聖人이 分上事니이다.
기 이 왈 자 　 이 이 위 하 인 　 분 상 사 　 대 왈 성 인 　 분 상 사

曰若聖人이 分上事則乾坤二卦도 亦不須어든 況六十四卦乎아.
왈 약 성 인 　 분 상 사 즉 건 곤 이 괘 　 역 불 수 　 황 육 십 사 괘 호


⑪ 역(易)을 볼 적에는 때를 아는 것이 중요하니, 무릇 여섯
효에 사람마다 쓰임이 있는 것이다. 성인은 성인의 용도가 있고,
현인은 현인의 용도가 있고, 보통 사람은 보통 사람의 용도가 있
고, 학자는 학자의 용도가 있고, 인군은 인군의 용도가 있고, 신
하는 신하의 용도가 있으니, 통하지 않는 바가 없다.


看易에 且要知時니 凡六爻에 人人有用이라. 聖人은 自有聖人
간 역 　 차 요 지 시 　 범 육 효 　 인 인 유 용 　 성 인 　 자 유 성 인

用하고 賢人은 自有賢人用하고 衆人은 自有衆人用하고 學者는
용 　 현 인 　 자 유 현 인 용 　 중 인 　 자 유 중 인 용 　 학 자

自有學者用하고 君有君用하고 臣有臣用하니 无所不通이라.
자 유 학 자 용 　 군 유 군 용 　 신 유 신 용 　 무 소 불 통


⑫ 역을 봄에 또 때를 안 다음에 효의 재질을 보아야 한다. 한
효 사이에 항상 여러 가지 뜻이 있으나, 성인이 항상 그 중요한
짓을 취해서 말씀을 하셨다. 또한 『주역』 가운데 이미 말한 것이
많을 때는, 말씀하지 않은 것을 취하셨으니, 또한 반드시 중요한
일은 아닌 것이다. 또 그때를 말씀하되 그 효의 재질을 말씀하지
않음이 있는 것은, 다 때에 따라 참고해야 하니, 반드시 먼저 괘
를 보아야만 이에 말을 맨 뜻을 알 수 있다.


觀易에 須看時然後에 觀逐爻之才니라. 一爻之間에 常包函數
관 역 　 수 간 시 연 후 　 관 축 효 지 재 　 일 효 지 간 　 상 포 함 수

意로대 聖人이 常取其重者而爲之辭하시고 亦有易中에 言之已多
의 　 성 인 　 상 취 기 중 자 이 위 지 사 　 역 유 역 중 　 언 지 이 다

나 取其未嘗言者는 亦不必重事라. 又有且言其時컨대 不及其爻
취 기 미 상 언 자 　 역 불 필 중 사 　 우 유 차 언 기 시 　 불 급 기 효

之才어든 皆臨時參考하라 須先看卦라야 乃看得繫辭라.
지 재　　개 임 시 참 고　　수 선 간 괘　　내 간 득 계 사

⑬ 대개 卦爻가 처음 세워짐에 뜻이 이미 갖추어 졌으나, 성인이 별도로 뜻을 일으켜 섞어 놓으셨으니, 춘추시대 이전에 이미 세워놓은 예(例)가 있으나, 근래에 와서 완전히 다른 글이 되었으니, 일반의 일들은 별도의 뜻으로 해석되게 되었다. 만약 그 전(춘추시대 이전)의 예로써 보면 뜻을 잃을 것이다.

大抵卦爻始立에 義旣具나 卽聖人이 別起義以錯綜之하시니 如
대저 괘효 시 립　　의 기 구　　즉 성 인　　별 기 의 이 착 종 지　　여
春秋時已前에 旣已立例나 到近後來하야 書得全別하니 一般事는
춘추 시 이 전　　기 이 립 예　　도 근 후 래　　서 득 전 별　　일 반 사
便書得別有意思라. 若依前例觀之면 殊失之也니라.
편 서 득 별 유 의 사　　약 의 전 예 관 지　　수 실 지 야

⑭ 무릇 글을 볼 때에 각각 문과 뜰이 되는 곳이 있으니, 『시경·역경·춘추』는 글귀마다 따라가면서 음미하는 것같이 아니하고, 『상서(서경)·논어』는 글귀마다 따라가면서 음미하는 것이다. 성인의 마음 씀의 깊은 곳이 계사에 있으니, 『시경·서경』은 격언일 뿐이다.

凡看書에 各有門庭하니 詩易春秋는 不可逐句看이요 尙書論語
범 간 서　　각 유 문 정　　시 역 춘 추　　불 가 축 구 간　　상 서 논 어
는 可以逐句看이라. 聖人의 用意深處가 全在繫辭하니 詩書에
가 이 축 구 간　　성 인　　용 의 심 처　　전 재 계 사　　시 서
乃格言이니라.
내 격 언

⑮ 옛날의 배운 사람은 다 전수함이 있었다. 성인이 경을 지음은 본래 도를 밝히려고 하는 것이니, 요새 사람이 만약 먼저 뜻과 이

치를 밝히지 않으면 경을 배우지 못할 것이고, 전수한 뜻을 얻지 못했다고 말할 것이다. 계사 같은 것은 본래 역을 밝히고자 함이니, 만약 먼저 괘의 뜻을 파악하지 않으면 계사를 보아도 알 수 없다.

古之學者는 皆有傳授니라. 如聖人이 作經은 本欲明道니 今人
고 지 학 자      개 유 전 수           여 성 인     작 경      본 욕 명 도      금 인
이 若不先明義理면 不可治經이요 蓋不得傳授之意云爾라. 如繫
   약 불 선 명 의 리     불 가 치 경     개 불 득 전 수 지 의 운 이        여 계
辭는 本欲明易이니 若不先求卦義면 則看繫辭不得이니라.
사    본 욕 명 역      약 불 선 구 괘 의     즉 간 계 사 불 득

⑯ 역학은 뒤에 <증자>와 <자하>가 높은 경지에까지 이르렀다.

易學은 後來에 曾子 子夏－煞到上面也니라. *[煞은 총괄할 살]*
역 학      후 래     증 자 자 하     살 도 상 면 야                  살

⑰ <맹자>를 연유해야 가히 써 『주역』을 볼 수 있다.

由孟子라야 可以觀易이라.
유 맹 자      가 이 관 역

⑱ 요새 사람은 『주역』을 봄에, 다 『주역』이 무엇인지 모르고 억지로 뚫고 파기만 하다가, 만약 생각이 익숙하지 못하면 한 가지 덕을 더해도 많음을 모르고, 한 가지 덕을 감해도 적음을 모르는 것이다. 마치 '兀(올)'자를 몰라서, 한쪽 다리를 없애도 적은 줄 모르고 한쪽 다리를 더해도 또한 많은 줄 모르는 것과 같으니, 만약 알기를 이같이 한다면 스스로 더하고 뺌을 얻지 못할 것이다.

今時人은 看易에 皆不識得易是何物하고 只就上穿鑿이라가 若
금 시 인     간 역     개 불 식 득 역 시 하 물        지 취 상 천 착         약

念得不熟이면　與就上添一德이라도　亦不覺多하고　就上減一德이
라도　亦不覺少라. 譬如不識컨대　此兀子가　若減一隻脚이라도　不
覺是少하고　添一隻脚이라도　亦不知是多니　若識이면　則自添減不
得也니라.


⑲ 『주역』은 모름지기 이 말없이 알고 마음으로 통해야 하는
것이요, 다만 글의 뜻만을 궁리하면 한갓 힘만 소비할 뿐이다.


易은　須是默識心通이니　只窮文義면　徒費力이니라.


## 나. 朱子의 易說綱領 (要約)

이 『周易傳義大全』(原本周易)의 「卷首」篇中에 실린 朱子의
「易說綱領」은 그 全文이 번다(繁多)하므로 다 읽기에 불편함을
감안(勘案)해서 주요한 글 부분만을 要約해서 소개한다.


① 聖人이 易을 지으실 처음에 우러러보고 굽어 살피셔서, 하
늘과 땅 사이에 가득 찬 것이 한 번 음(陰)하고 한 번 양(陽)하
는 이치가 아님이 없음을 보셨으니, 이런 이치가 있으면 이런 상
(象)이 있고, 이런 象이 있으면 그 數가 그 속에 있다. 특히 河圖
와 洛書만 그런 것이 아니다.


聖人이　作易之初에　蓋是仰觀俯察하사　見得盈乎天地之間에　无
非一陰一陽之理하시니　有是理則有是象하고　有是象則其數ㅡ便自
在這裏오. 非特河圖洛書ㅡ爲然이니라.

② 대개 數라는 것은 다만 기운이 나누어지는 경계와 절도가 있는 곳에 양(陽)을 얻으면 반드시 홀수이고 음(陰)을 얻으면 반드시 짝수이다. 모든 물건이 다 그러하지만, 「하도」와 「낙서」가 특히 교묘하게 잘 나타나기 때문에, 이에 성인이 그것을 인용해서 괘를 그으셨다.

蓋所謂數者는 秖是氣之分限節度處에 得陽이면 必奇하고 得陰이면 必偶니 凡物이 皆然而圖書─爲特巧而著耳라. 於是에 聖人이 因之而畫卦하시니라.

③ 이것은 성인이 『주역』을 지으셔서, 백성에게 점치는 것을 가르쳐 천하의 어리석음을 열어주시고, 천하의 뜻을 정하시며, 천하의 일을 이루게 하심이 이와 같은 것이다. 다만 <복희씨> 이상은, 이 여섯 획만 있고 문자로 전한 것이 없더니, <문왕>과 <주공>에 이르러 말을 붙였다. 그렇기 때문에 "성인이 괘를 베풀어 상을 보고 말을 붙여서 길하고 흉함을 밝혔다"고 하셨다.

此는 聖人이 作易하사 敎民占筮하야 而以開天下之愚하고 以定天下之志하며 以成天下之事者─如此라. 但自伏羲而上은 只有此六畫而未有文字可傳이러니 到文王周公하야 乃繫之以辭라. 故로 曰聖人이 設卦하야 觀象繫辭焉而明吉凶이라하시니라.

④ 이 괘가 그어지기 전에는 하늘과 땅의 자연한 법상을 보아서 그었고, 이미 그었을 때엔 한 괘에 스스로 한 괘의 상이 있으

니, 상은 하나의 비슷한 형상이 있다는 말이다. 그렇기 때문에 성인이 그 상을 보고 이름을 지여 보이시니, 효의 나아가고 물러남을 보고 이름붙인 것은 산지박괘(山地剝卦)와 지뢰복괘(地雷復卦)의 류(類)이고, 형상의 같음으로 이름붙인 것은 화풍정괘(火風鼎卦)와 수풍정괘(水風井卦)의 류(類)이니, 이것은 <복희씨>께서 괘체의 전체를 보고 한 괘 한 괘의 이름을 붙이심이 이와 같고, <문왕>에 이르러 괘체의 상을 관찰해서 단사(彖辭)를 붙이시며, <주공>께서 괘효의 변하는 것을 관찰해서 효사(爻辭)를 붙이시니, 길흉의 상이 더욱 드러나게 되었다.

蓋是卦之未畫也엔  因觀天地自然之法象而畫하고  及其旣畫也엔  一卦에  自有一卦之象하니  象은  謂有箇形似也라.  故로  聖人이  卽其象而命之名하시니  以爻之進退而言則如剝復之類요  以其形之肖似而言則如鼎井之類니  此是伏羲－卽卦體之全而立卦名이  如此요  及文王하야  觀卦體之象而爲之作彖辭하시고  周公이  視卦爻之變而爲之爻辭하시니  而吉凶之象이  益著矣라.

⑤ 대저 천하의 도가 선하고 악한 것뿐이로대, 다만 거처하는 자리가 같지 않고, 거처하는 때가 이미 달라 그 조짐이 심히 미세하니, 천하의 사람들이 깨닫지 못하였다. 그렇기 때문에 성인이 이 점치는 법으로 사람을 깨우쳐, 사람들로 하여금 거처할 때에는 象을 관찰하며 말씀을 완미(玩)하고, 움직일 때에는 변하는 것을 관찰하며 점을 음미(玩)하게 해서, 是非와 得失의 길에서 헤매지 않게 하셨다.

大率天下之道－只是善惡而已로대　但所居之位－不同하고　所處
之時－旣異하야　而其幾－甚微하니　只爲天下之人이　不能曉會라.
是以로　聖人이　因此占筮之法하야　以曉人케하시니　使人으로　居則觀
象玩辭하고　動則觀變玩占케하야　不迷於是非得失之途케 하시니라.

⑥ 또 묻기를 "괘 밑의 말씀(辭)이 단사(彖辭)가 되는데, 「좌전
(左傳)」에 계사라고 한 것은 어째서 입니까?" 답하기를, "그것은
단사(彖辭)일 뿐이다. 그렇기 때문에 <공자>께서 말씀하시기를
'아는 사람이 단사(彖辭)를 보면 생각이 반을 지난다.'라고 하셨
다. '원형이정(元亨利貞)' 같은 것은 <문왕>께서 괘 밑에 붙이신
말로써 한 괘의 길하고 흉함을 판단하니, 이것을 단사(彖辭)라고
이름 한 것이다.

又曰問卦下之辭－爲彖辭어늘　左傳에　以爲繫辭者는　何也오. 曰
此只是彖辭라. 故로　孔子－曰知者－觀其彖辭則思過半矣라하시니
如元亨利貞은　乃文王所繫卦下之辭로　以斷一卦之吉凶이니　此名
이 彖辭라.

⑦ 또 이르길, 상고의 때에 민심이 어두워서, 길하고 흉함이 있
는 곳을 알지 못하였다. 그러므로 성인이 『주역』을 지어 점치는 법
을 가르쳐서, 길하면 행하게 하고 흉하면 피하게 하시니, 이것이
물건을 열게 하고 일을 성취시키게 하는 도(道)이다. 그러므로 「계
사전」에 "역(易)으로써 천하의 뜻을 통하고, 천하의 업무를 정하며,
천하의 의심스러움을 판단한다."고 했으니, 바로 이것을 말함이다.

又曰上古之時에 民心이 昧然하야 不知吉凶所在라. 故로 聖人
이 作易하야 敎之卜筮하사 吉則行之하고 凶則避之케하시니 此是
開物成務之道라. 故로 繫辭에 云以通天下之志하며 以定天下之業
하며 以斷天下之疑라하니 正謂此也니라.

⑧ 또 이르길, 『주역』은 대개 사람이 두려움으로써 닦고 반성
케 하고자 함이니, 이제 『주역』을 배울 때 반드시 일을 만나 점을
친 뒤에 훈계를 얻을 것이 아니고, 다만 평상시에 완미해서 『주
역』의 말한 도리가 자기 처지와 어떠한가를 보아야 한다. 그러므
로 "거처할 때는 그 상을 보고 그 말을 익숙히(완미) 하며, 움직
일 때는 그 변한 것을 보고 그 점을 익숙히(음미) 한다."고 한 것
이다. 孔子께서 이르신바 『주역』을 배운다는 것은, 바로 평일에
항상 배우는 것이니, 성인의 읽는 것이 사람들의 읽는 것과 다르
다고 생각한다 하시니, 가슴 가운데 역의 이치가 훤히 트여서 털
끝만큼의 가린 곳도 없을 것으로 생각되기 때문에, "큰 허물이 없
을 것이라."고 말씀하신 것이다.

又曰易은 大蓋欲人이 恐懼修省이니 今學易에 非必待遇事而占하
야 方有所戒요 只平居에 玩味하야 看他所說道理於自家所處地位
에 合是如何라. 故로 云居則觀其象而玩其辭하고 動則觀其變而玩
其占이라 하였으며, 孔子所謂學易은 正是平日에 常常學之를 想見
이라 하시다. 又曰聖人之所讀은 異乎人之所謂讀하야 想見에 胸中
이 洞然하야 於易之理无纖毫蔽處라 故로 云可以无大過라 하시니라.

⑨ <주자>가 이르길, 上古의 易은 씀(用)을 이롭게 하고 삶(生)을 두텁게 한 것이며, 『주역』에 비로소 바른 덕(正德)의 뜻이 있으니, "바르게 함이 이롭다(利貞)"함과 같은 것은 사람들에게 '바르고 곧게 하는 것이 이롭다'하는 것을 가르침이고, "바르면 길하다(貞吉)"라 함은 사람들에게 '곧고 바르면 길하다'는 것을 가르침이다. <공자>에 이르러서는 도리를 말한 것이 더 많아졌다.


朱子曰　上古之易은　方是利用厚生이요　周易에　始有正德意니
如利貞은　是敎人利於貞正이요　貞吉은　是敎人貞正則吉이라.　至
孔子則說得道理－又多니라.


⑩ 또 이르길, 易은 본래 점치는 책으로 후세 사람이 점(占)으로만 사용했다. <왕필>에 이르러 <노자·장자>의 학(學)으로 해석함으로써, 뒷사람이 다만 이치로만 해석하고, 점으로 쓰지 않았으니 또한 잘못이다.

<복희씨>께서 괘를 그으실 때에……뒤에 <문왕>께서 그것이 잘 알 수 없음을 살피셨기 때문에 「단사(彖辭)」를 지으셨고, 혹 점을 쳐서 효(爻)가 변했을 때 알기가 어려웠으므로 <주공>께서 「효사(爻辭)」를 지으셨으며, 그래도 알 수 없는 것이 있기 때문에 <공자>께서 「십익(十翼)」을 지으시니, 다 당초의 뜻을 해석하신 것이다.


又曰　易은　本이　卜筮之書로　後人이　以爲止於卜筮러니　至王弼
하야　用老莊解하야　後人이　便只以爲理而不以爲卜筮하니　亦非
라.　想當初라　伏羲畫卦之時……後에　文王이　見其不可曉하시니라

故로 爲之作彖辭하시고 或占得爻處에 不可曉라 故로 周公이 爲
之作爻辭하시며 又不可曉라 故로 孔子ー爲之作十翼하시니 皆解
當初之意라 하시다.

## 3. 易傳序와 易序

### 가. 易傳序

(이 글은 程子의 『易傳序』를 번역한 것이다.)

역(易)은 변하여 바뀌는 것[변역(變易)]이니, 때를 따라 변하여
바뀜[수시변역(隨時變易)]으로써 도(道)를 따르는 것이다.

그 글됨이 넓고 크게 다 갖추어져, 장차 성명(性命)의 이치에 순
응하고, 유명(幽明)의 연고(故)를 통하며, 사물의 뜻[정(情)]을 다함
으로써, 물건을 열고 일을 이루는 도를 [開物成務之道] 보이니, 성
인이 후세를 근심하고 걱정하심이 지극하다 할 것이다.

비록 지나간 옛날은 멀지만 오히려 전해진 경전[유경(遺經)]이
있거늘, 지난날의 선비는 의미를 잃고 말만을 전했고, 뒤에 배우
는 사람은 말만을 외우고 참뜻을 잃음으로써, 진(秦)나라 이래로
전함이 없었다. 내가 천 년 후에 태어나서 이 글이 끊긴 것을 슬
퍼하여, 장차 후세 사람으로 하여금 흐름을 거슬러 올라가 근원
을 구하게 하기 위하여 이 역전(易傳)을 짓는 것이다.

　易에는 聖人의 道가 넷이 있으니, 易으로써 말[언(言)]하는 자는 그 글[사(辭)]을 숭상하고, 易으로써 행동하는 자는 그 변화[변(變)]를 숭상하고, 역으로써 그릇[기(器)]을 만드는 자는 그 상(象)을 숭상하고, 역으로써 점치는[복서(卜筮)] 자는 그 점(占)을 숭상한다. 길흉(吉凶)소장(消長)의 이치(理)와 진퇴(進退)존망(存亡)의 道가 글[사(辭)]에 갖추어져 있으니, 글[사(辭)]을 미루어 보고 괘(卦)를 고찰해 보면 변화(變)를 알 수 있을 것이고, 象과 占도 그 가운데 있다.

　군자(君子)가 거처(居)할 때면 그 상(象)을 관찰하고 그 글[사(辭)]을 음미[완(玩)]하며, 움직(動)일 때는 그 변화(變)를 관찰(觀)하고 그 점(占)을 음미한다. 글을 얻었더라도 그 뜻(意)에 통달하지 못한 자 있지만, 글을 얻지 못하면서 그 뜻을 통할 수 있는 사람은 없다.

　지극히 은미한 것(至微者)은 이치(理)이고, 지극히 드러난 것(至著者)은 象이니, 體와 用이 한 근원(一源)이며, 드러나고 미미한 것에 간격이 없다(顯微无間). 모이고 통합(會通)을 봐서 그 전례(典禮)로써 행하면, 글(辭)에 갖추어지지 않음이 없다. 그러므로 잘 배우는 자는 말(言)을 구함에 반드시 가까운 데서부터(必自近)하나니, 가까운 데를 없인 여기는 자(易於近者)는 말(言)을 아는 것이 아니다. 내가 전하고자 하는 것은 글(辭=理)이니, 글로 인하여 그 뜻(意)을 얻는 것은 사람에게 달려있다.

　송나라(宋) 원부(元符) 이년(二年) 기묘년(己卯)[11] 정월(正月) 경신일(庚申)에 하남땅(河南)의 정이(程頤)정숙(正叔)은 서(序)하노라.

## 나. 「易序」

(이 글은 程子의 「역서(易序)」를 번역한 것이다.)

易의 글됨(爲書)이 괘(卦)·효(爻)·단(彖)·상(象)의 뜻[義]이 갖추어 있고, 천지(天地)만물(萬物)의 정상[情]이 나타나 있으니, 聖人이 천하(天下)의 오는 세상[來世]을 걱정하심이 지극하도다.

천하에 앞서서는 그 물건을 열고[先天下而開其物], 천하에 뒤해서는 그 일을 이루었다[後天下而成其務].12) 이런 까닭에 그 수(數)를 끝까지 다하여[極數], 천하의 상(象)을 정(定)하고, 그 상(象)을 드러나게 함으로서 천하의 길흉(吉凶)을 정(定)하니, 64괘(卦)와 384효(爻)가 다 이로써 성명(性命)의 이치(理)에 따르며[順], 변화(變化)의 도리[道]를 다하도록[盡] 한 것이다.

흩어서[散之] 이치[理]로 보면 만 가지로 다르고[萬殊], 모아서[統之] 도(道)로 보면 두 가지가 아니니, 이러므로 역(易)에는 태극(太極)이 있으니 이것이 양의(兩儀)를 낳는다. 태극(太極)은 도(道)이고 양의(兩儀)는 음(陰)과 양(陽)이니, 음양(陰陽)은 한 도(一道)이며 태극(太極)은 무극(无極)[天地人 三極之本體也]이다.13)

---

11) 송나라(宋) 원부(元符) 이년(二年) 기묘년(己卯): 북송(北宋) 철종(哲宗)의 세 번째 년호(年號)이며, 원부(元符) 이년(二年)은 서기로 1099년에 해당한다.

12) [圓齋註]: (開其物하고 成其務라). 사람의 정신을 열어주고 앞으로 당하는 일을 이루게 한지라.

13) [圓齋註]: 伊川 선생의 原文 "태극(太極)은 도(道)이고 양의(兩儀)는 음(陰)과 양(陽)이니, 음양(陰陽)은 한 도(一道)이며 태극(太極)은 무극이다(无極也)."에 대해서 圓齋선생은 "兩儀者는 天道의 陰陽이오, 太極은 天地人 三極의 本體' 라고 그 뜻을 풀이하고 있음.

만물의 생겨남이 음(陰)을 뒤에 지고 양(陽)을 앞으로 안아서, 태극(太極)이 있지 않음이 없으며, 양의(兩儀)가 있지 않음이 없으니 인온(絪縕)하여 사귀어 느낌에 변화(變化)가 무궁하다. 형체가 한 번 그 생명을 받고[形一受其生] 신이 한 번 그 지혜를 발하여[神一發其智], 참과 거짓이[情僞] 나옴[出]에 만 가지 단서가[萬緖] 일어나니[起], 역(易)으로써 길흉(吉凶)을 정하고 대업(大業)을 만들어 내는 것이다.

그러므로 역(易)은 음양(陰陽)의 도(道)이고, 괘(卦)는 음양(陰陽)의 물건[物]이며, 효(爻)는 음양(陰陽)의 움직인[動]이니, 괘(卦)가 비록 같지 않으나 같은[공통한] 것은 양괘[奇]와 음괘[偶]이고 효(爻)가 비록 같지 않으나 같은[공통한] 것은 구(九)와 육(六)이다.

이런 까닭으로, 64괘가 체(體)가 되고 384효가 서로 그 용(用)이 되어, 멀리는 육합(六合)의 밖에 있고 가까이는 한 몸 가운데 있어서, 눈 깜짝하고 숨 한 번 쉬는 잠깐 사이와 [잠어(暫於)순식(瞬息)] 동(動)하고 정(靜)하는 미세한 것에도 괘(卦)의 상(象)이 있지 않음이 없으며, 효(爻)의 뜻[의(義)]이 있지 않음이 없으니, 지극 하도다 역(易)이여! 그 도(道)가 지극히 커서 감싸지 않음이 없고, 그 쓰임이 지극히 신묘하여 존재하지 않음이 없다.

진실로 때[時]는 처음부터 하나만 있지 않고, 괘(卦)는 처음부터 정해진 상(象)이 있지 않으며, 일[事]은 진실로 처음부터 궁[窮]함이 있지 않고, 효(爻) 또한 처음부터 정해진 위(位)가 있지 않다. 한 때로서 괘(卦)를 찾고 곧 막혀서 변할 수 없다면 역(易)이 아니고, 한 가지 일로써 효(爻)를 밝히고 막혀서 통할 수 없다면 역(易)이 아니니, 이른바 괘(卦)·효(爻)·단(彖)·상(象)의 쓰임[用]을 알지 못하면 역시 역(易)이 아니다.

　　그러므로 정신의 운용[精神之運]과 마음씨의 움직임[心術之動]에서 체득[得]해서, 천지(天地)와 그 덕(德)을 합하며, 일월(日月)과 그 밝음을 합하며, 사시(四時)와 그 차례를 합하며, 귀신(鬼神)과 그 길흉(吉凶)을 합한 뒤에야 역(易)을 안다고 말할 수 있는 것이다.

　　비록 그러하지만, 역(易)에 괘(卦)가 있는 것은 역(易)이 이미 형상화된 것[易之已形者]이며, 괘(卦)에 효(爻)가 있는 것은 괘(卦)가 이미 나타난 것이다. 이미 형상하고 이미 나타난 것은 안다고 말할 수 있거니와, 형상하지 않고 나타나지 않은 것은 무어라 이름을 구할 수 없다면, 이른바 역(易)은 과연 어떠한 것인가? 이는 배우는 자가 마땅히 알아야 할 바이니라.

## 4. 上下篇義

　　**해제(解題)**: 이 글은 程子의 「上下篇義」를 번역한 것이다. 易經에서 괘의 구조는 8괘를 거듭해서 64괘가 이루어진다. 이것을 上下의 二篇으로 나누어서 각 괘(卦)를 계속(係屬)시켰는데, 어떤 괘를 上篇에, 또 下篇에 계속시켰는가? 전통적으로 陽卦를 上篇에, 陰卦를 下篇에 계속시켰다는 말의 사상적 근거는 어디 있는가? 이것이 이천(伊川) 역전(易傳)의 「上下篇義」의 주제가 된다.

　　이 밖에, 上篇에 30괘, 下篇에 34괘를 계속시키고 있는데, 그 괘수(卦數)와 효수(爻數)의 부동(不同)은 어떻게 해명하는가? 또한 이 64괘를 상하(上下) 이편(二篇)에 차례[次序]로 계속한「序卦」

그 자체에는 어떠한 사상적 근거가 있는가? 「서괘전(序卦傳)」은 이 「序卦」의 「전(傳)」으로서 그 차서에 따라서 전술(傳述)한 것이다. 이상의 세 가지 질문의 해답을 얻어야 비로소 「序卦」에 대한 온전한 '명의(明義)' 「序卦明義]가 될 것이다.

程子의 「上下篇義」은 첫째 질문에 해답한 논문으로 높이 평가받는 글이지만, 문장(文章)이 전후(前後)로 착잡(錯雜)하고[뒤섞여서], 예거(例擧)가 중복되고 회삽(晦澁)하지만[어렵지만], 그 뜻이 깊고[深意] 시사(示唆)하는 바가 많다. 이 「上下篇義」의 본뜻[主意]을 밝히기 위해서, 우선 원문(原文)을 序說, 第一節, 第二節, 第三節로 나누어서 번역하였다.

### [序說]

건괘(乾 ☰) 와 곤괘(坤 ☷)는 천지(天地)의 도(道)이며, 음(陰) 양(陽)의 근본(根本)이다. 그러므로 상편(上篇)의 첫머리(首)가 되었으며, 감괘(坎 ☵)와 이괘(離 ☲)는 음양(陰陽)의 바탕을 이룬 것(成質)이므로 상편(上篇)의 마지막(終)이 되었다.

함괘(咸 ䷞)와 항괘(恒 ䷟)는 부부(夫婦)의 도(道)이고, 낳고 기름[生育]의 근본[本]이기 때문에 하편(下篇)의 머리(首)가 되었으며, 미제괘(未濟 ䷿)는 감괘(坎 ☵)와 이괘(離 ☲)가 합(合)한 것이고, 기제괘(旣濟 ䷾)는 감괘(坎 ☵)와 이괘(離 ☲)가 사귄(交) 것이다. 합하고 사귀면[合而交則] 만물을 낳으니, 음양(陰陽)의 공을 이룬 것[成功]이기 때문에 하편(下篇)의 마지막이 되었다.

[第1節]

(가)  두 편의 괘가 이미 나누어진 다음에 그 뜻을 미루어서 차례를 정했으니 이것이 서괘(序卦)[序卦傳]이다.

괘(卦)가 나뉜 것은 음양(陰陽)으로써 기준했으니 [卦之分則以陰陽)], 양(陽)이 성(盛)한 것은 「상편(上篇)」에 있고, 음(陰)이 성한 것은「하편(下篇)」에 있다. 성(盛)하다고 말한 것은, 혹 괘(卦)로써 기준하고 혹 효(爻)로써 기준했으나, 괘(卦)와 효(爻)에 뜻을 취한 것이 같지 않은 것이 있다[取義有不同].

예(例)를 들면, 산지박괘(山地剝)는 괘(卦)로써 말하면 음(陰)이 성장하고 양(陽)이 깎이는 것이나 [음장(陰長)양박(陽剝)], 효(爻)로써 말하면 양(陽)이 위에서 극(極)해 있고 또 한 양(陽)이 뭇 음[衆陰]을 거느림[主]이 되는 것이고, 뇌천대장괘(雷天大壯)는 괘(卦)로써 말하면 양(陽)이 성장하고 씩씩한 것이지만, 효(爻)로써 말하면 음(陰)이 위에서 성해 있는 것이니, 각각 그 장소에 따라 쓰이므로 서로 해(害)가 되지 않는다.

(나)  건(乾 ☰)은 아버지[父]이니 이보다 높은 것이 없고, 곤(坤 ☷)은 어머니[母]이니, 건(乾 ☰)이 아니면 서로 적수가 되지 않는다(无與爲敵也). 그러므로 건(乾 ☰)이 있는 것은 「상편(上篇)」에 있고, 곤(坤 ☷)이 있는 것은 「하편(下篇)」에 있으나, 지뢰복괘(地雷復)는 양(陽)이 생(生)하는 것이고, 지택임괘(地澤臨)는 양(陽)이 크는[長] 것이며, 풍지관괘(風地觀)는 양(陽)이 성(盛)한 것이고, 산지박괘(山地剝)는 양(陽)이 극(極)한 것이

니, 비록 곤(坤 ☷)이 있으나 「상편(上篇)」에 있다.

천풍구괘(☰☴ 天風姤)는 음(陰)이 생(生)하는 것이고, 천산돈괘(☰☶ 天山遯)는 음(陰)이 크는[長] 것이고, 뇌천대장괘(☳☰ 雷天大壯)는 음(陰)이 성(盛)한 것이고, 택천쾌괘(☱☰ 澤天夬)는 음(陰)이 극(極)한 것이니, 비록 건(乾 ☰)이 있으나 「하편(下篇)」에 있다.

그 나머지 건(乾 ☰)이 있는 것은 다 「상편(上篇)」에 있으니, 지천태괘(☷☰ 地天泰) · 천지비괘(☰☷ 天地否) · 수천수괘(☵☰ 水天需) · 천수송괘(☰☵ 天水訟) · 풍천소축괘(☴☰ 風天小畜) · 천택리괘(☰☱ 天澤履) · 천화동인괘(☰☲ 天火同人) · 화천대유괘(☲☰ 火天大有) · 천뢰무망괘(☰☳ 天雷无妄) · 산천대축괘(☶☰ 山天大畜)이다. (以上 10괘).


**(다)**  곤괘(☷ 坤)가 있으면서 「상편(上篇)」에 있는 것은 다 양(陽)이 하나 있는 괘(卦)이다. (일양(一陽)오음(五陰)의 卦).


괘(卦)가 음(陰)이 다섯이고 양(陽)이 하나이면, 한 양(陽)이 주장자(主)가 되기 때문에 양(陽)이 하나 있는 괘는 다 「상편(上篇)」에 있으니, 지수사괘(☷☵ 地水師) · 지산겸괘(☷☶ 地山謙) · 뇌지예괘(☳☷ 雷地豫) · 수지비괘(☵☷ 水地比) · 지뢰복괘(☷☳ 地雷復) · 산지박괘(☶☷ 山地剝)이다. (이상 6괘).

그 나머지 곤(坤 ☷)이 있는 것은 다 「하편(下篇)」에 있으니, 화지진괘(☲☷ 火地晉) · 지화명이괘(☷☲ 地火明夷) · 택지췌괘(☱☷ 澤地萃) · 지풍승괘(☷☴ 地風升)이다. (이상 4괘).

**(라)**  괘(卦)가 음(陰)이 하나이고 양(陽)이 다섯인 것은 (일음(一陰)오양(五陽)의 괘는) 다 건(乾 ☰)이 있으며, 또 양(陽)이 많고 성

(盛)하니, 비록 뭇 양(陽)이 한 음(陰)을 기뻐하나 기뻐할 따름이고, 한 양(陽)이 뭇 음(陰)의 주인이 되는 것과는 같지 않다. <왕필(王弼)>이 "한 陰이 주인이 된다."라고 말했으나(略例), 잘못된 것이다. 그렇기 때문에 음(陰)이 하나 있는 괘는 다 「상편(上篇)」에 있으니, 풍천소축괘(☴☰ 風天小畜)·천택리괘(☰☱ 天澤履)·천화동인괘(☰☲ 天火同人)·화천대유괘(☲☰ 火天大有) 뿐이다. (이상 5괘).

## [第二節]

**(가)** 양(陽)이 둘 있는 괘(二陽四陰)之卦)는 곤(坤☷)이 있으면 「하편(下篇)」에 있다.

뇌산소과괘(☳☶ 雷山小過)는 비록 곤(☷坤)은 없으나, 음(陰)이 지나친 괘이므로 「하편(下篇)」에 있다. 그 외의 양(陽)이 둘인 괘는, 다 한 양(陽)이 아래에서 생겨서 위에서 발달한 것이고, 또 두 괘체(卦體)가 다 양(陽)인 것은 양(陽)이 성(盛)한 것이어서 다 「상편(上篇)」에 있으니, 수뢰둔괘(☵☳)·산수몽괘(☶☵)·산뢰이괘(☶☳)·중수감괘(☵☵)이다.

**(나)** 양(陽)이 '아래에서 생긴다는 것(生於下)'은 진(震 ☳)과 감(坎 ☵)이 아래에 있는 것을 말하는데, 진(震 ☳)은 아래에서 생기고, 감(坎 ☵)은 가운데서 시작한 것이다.

'위에서 발달했다(達於上)' 함은 한 양(陽)이 위에 이르러서 혹 바른 자리(正位)를 얻은 것을 말하니, '아래에서 생겨서 위에서 발달한 것'은 양(陽)의 번창함이 성한 것이다. 양(陽)이 아래에서 생겨 위에서 발달하지 못하고, 또 음(陰)이 많고 양(陽)이 적은

데다 다시 바른 자리를 잃음은 양(陽)이 약한 것이니, 중뢰진괘(☰☰ 重雷震)와 뇌수해괘(☰☰ 雷水解)이다.

위에 양(陽)이 있고 아래에 양(陽)이 없는 것은 근본이 없는 것이니, 중산간괘(☰☰ 重山艮)와 수산건괘(☰☰ 水山蹇)이다. 진괘(☰ 震)·감괘(☰ 坎)·간괘(☰ 艮)는 괘로 말하면 양(陽)이나, 효(爻)로 말하면 다 (양이) 처음 변해서 미미한 것이고(以爻言則皆始變 微也), 진괘(☰ 震)의 위와 간괘(☰ 艮)의 아래는 양(陽)이 없고, 감괘(☰ 坎)는 양(陽)이 빠졌으니(坎則陽陷), 다 [양(陽)이] 성(盛)한 것이 아니나, 오직 중수감괘(☰☰ 重水坎)는 양(陽)이 위에서 발달한 것이 된다. 그렇기 때문에 (양이) 성한 것이 된다.

(다)　괘에 음이 둘인 것 (二陰四陽之卦) 중에, 건(☰ 乾)이 있으면 양(陽)이 성한 것을 알 수 있으니, 수천수(☰☰ 水天需), 천수송(☰☰ 天水訟), 산천대축(☰☰ 山天大畜), 천뢰무망(☰☰ 天雷无妄) 괘이다.

건(☰ 乾)이 없는 데도 성한 것이 되는 것은 택풍대과(☰☰ 澤風大過)와 중화리(☰☰ 重火離) 괘인데, 택풍대과(☰☰ 澤風大過)괘는 양이 가운데서 성해서, 위(上爻)와 아래(初爻)의 음이 약한 것이고, 양이 위와 아래에 있으면, 음의 벼리가 되니(綱紀於陰) 산뢰이(☰☰ 山雷頤)괘가 이런 것이다.

음은 위와 아래에 있어도 양을 주관하여 제어하지 못하고 도리어 약해지니, 반드시 위와 아래에 각각 두 개씩 음이 있어서 가운데에 양이 둘 밖에 없어야 이길 수 있다. 뇌산소과(☰☰ 雷山小過)괘가 이런 것이니, 대과·소과(大過·小過)의 이름을 알 수 있다.

중화리(☲☲ 重火離)괘는 두 괘체(卦體)의 위와 아래가 다 양인데다, 음이 실제로 걸려 있으니 양이 성한 것이다. 그 나머지 음이 둘인 괘는, 두 괘체가 모두 음이면 음이 성한 것이므로 다 하편(下篇)에 있으니, 풍화가인(☴☲ 風火家人), 화택규(☲☱ 火澤睽), 택화혁(☱☲ 澤火革), 화풍정(☲☴ 火風鼎), 중풍손(☴☴ 重風巽), 중택태(☱☱ 重澤兌), 풍택중부(☴☱ 風澤中孚)괘이다.


[第三節]


(가)  괘에 음이 셋이고 양이 셋인 것은(三陰三陽之卦) 맞수가 되어(敵也) 의리로써 이기는 것을 삼는데(以義爲勝), 陰·陽의 尊·卑의 뜻과(陰陽尊卑之義), 男·女의 長·少의 차례는(男女長少之序) 하늘과 땅의 큰 법도이다(天地之大經也).


양이 음보다 젊을지라도 위에 있으면 이기는 것이 되니, 산풍고(☶☴ 山風蠱)는 젊은 양(☶ 소남)이 큰 음(☴ 장녀)의 위에 있고, 산화비(☶☲ 山火賁)는 젊은 양(☶ 소남)이 중녀(☲)의 위에 있으므로 다 양이 성한 것이다.


(나)  감(☵ 坎)은 비록 양괘이나 양이 음에 빠진 바가 되었고, 또 음괘와 거듭하면 음이 성한 것이다. 그러므로 음양이 맞수가 되면서 감(☵ 坎)이 있는 것은 다 하편(下篇)에 있으니, 택수곤(☱☵ 澤水困)·수풍정(☵☴ 水風井)·풍수환(☴☵ 風水渙)·수택절(☵☱ 水澤節)·수화기제(☵☲ 水火旣濟)·화수미제(☲☵ 火水未濟)괘이다.

혹자가 말하기를 "한 괘체에만 감(☵ 坎)이 있어도 오히려 양이 빠지는데, 두 괘체가 다 감(☵ 坎)인 중수감괘(䷜ 重水坎)를 도리어 양이 성하다 함은 어째서 입니까?" 답하기를 "한 괘체에 감(☵ 坎)이 있는 것은 양이 음에 빠진 것이 되고, 또 음괘에 의해 거듭된 것이지만, 두 괘체가 다 감(☵ 坎)인 것은, 양이 아래에서 생겨서 위에 발달한 것이고, 또 두 괘체가 다 양이니 (양이) 성하다고 할 수 있다."

**(다)** 남자가 여자 위에 있는 것은 이치의 떳떳함이나(乃理之常) 아직 성한 것이 되지 않으나, 만약 (양이) 바른 자리를 잃고 음이 도리어 높은데 있으면 약한 것이 되기 때문에, 뇌풍항(䷟ 雷風恒)·산택손(䷨ 山澤損)·뇌택귀매(䷵ 雷澤歸妹)·뇌화풍(䷶ 雷火豊) 괘가 다 하편(下篇)에 있다.

여자가 남자 위에 있는 것은 음이 이긴 것이므로, 여자가 위에 있는 괘는 다 하편(下篇)에 있으니, 택산함(䷞ 택산함(澤山咸)·풍뇌익(䷩ 風雷益)·풍산점(䷴ 風山漸)·화산려(䷷ 火山旅)·택수곤(䷮ 澤水困)·풍수환(䷺ 風水渙)·화수미제(䷿ 火水未濟)괘이다.

**(라)** 오직 택뇌수(䷐ 澤雷隨)괘와 화뢰서합(䷔ 火雷噬嗑)괘는 남자가 여자의 아래에 있으나, 여자가 남자를 이긴 것이 아니다. 그러므로 택뇌수(䷐ 澤雷隨)괘의 단전(彖傳)에 말하길 "강(剛)한 것이 와서 부드러운 것 아래 했다(剛來而下柔)" 하고, 화뢰서합(䷔ 火雷噬嗑)괘의 단전(彖傳)에 "부드러운 것이 중을 얻어 위로 올라갔다(柔得中而上行)"라고 했다. 큰 양(장남)을 어린 음(소녀)이

대적할 수 없는 것이니, 장남으로 중·소녀의 밑에 왔기 때문에 내려온 것이 된 것이다.

만약 어른 또는 젊은이가 맞수가 되어(若長少敵) 세력이 가지런하면(勢力侔), 음이 위에 있는 것이 능멸함이 되고(爲凌), 양이 아래에 있는 것이 약한 것이 되니, 택산함(澤山咸)괘와 풍뢰익(風雷益)괘 같은 류(類)가 그것이다.

택산함(澤山咸)괘 또한 여자에 아래 하는 상이 있으나, 장남(長男)이 소녀(少女)에게 아래 하는 것이 아니고, 두 젊은이(소남, 소녀)가 서로 느낌으로써 서로 더불어 함이니, 능멸함을 받게 되기 때문에, "바르게 함이 이롭다"는 경계가 있다. 택수곤(澤水困)괘는 비록 여자가 남자 보다 젊으나, 양이 빠져서 음에 가리운 것이 됐으니, 서로 낮추는 뜻이 없는 것이다.

**(마)** "뇌산소과(雷山小過)는 두 양이 네 음의 가운데 있어 음이 성한 것이 되는데, 풍택중부(風澤中孚)는 두 음이 네 양의 가운데 있어도 양이 성한 것이 되지 않음은 어째서 입니까?" 답하기를 "양체(陽體)는 실(實)한 것인데, 풍택중부(風澤中孚)는 가운데가 비었기(中虛) 때문이다." "그렇다면 산뢰이(山雷頤)괘는 가운데가 음이 넷인데 빈(虛) 것이 아닙니까?" 답하기를 "산뢰이(山雷頤)괘는 두 괘체가 다 양괘이고, 근본과 끝(本末)이 다 양이니 지극히 성한 것이다. 풍택중부(風澤中孚)괘는 두 괘체가 다 음괘이고, 위와 아래가 각각 두 양으로 근본과 끝(本末)을 이루는 상이 없으며, 가운데가 비었기 때문에 풍택중부(風澤中孚)가 되었으니, 음이 성한 것을 알 수 있다."

[譯註] 이 「上下篇義」의 이해를 돕기 위하여, 원문에 없는 '章과 節'을 표시하였다. 이 나눔(分節)은 일본의 易經學의 대가, 今井宇三郎(이마이 우사부로)著 『易經』(中卷) 「易經解題」(上下 經의 序卦에 대해서)를 참고하였음을 밝힌다.

# 5. 『易』五贊 (原象·述旨·明筮·稽類·警學)

이 오찬(五贊)은 주자(朱子)가 『易本義』를 저술한 다음, 후학을 위해서 주역(周易)을 좀 더 바르게 이해할 수 있도록, (1) 원상 (原象), (2) 술지(述旨), (3) 명서(明筮), (4) 계류(稽類), (5) 경학 (警學)의 다섯 가지 항목으로 그 취지를 밝힌 글이다.

## 가. 원상(原象): 상(象)의 근원에 대한 글

태일(太一)이 비로소 나뉨에[肇判] 음(陰)은 내려가고 양(陽)은 올라가니, 양(陽)은 하나로써 베풀고 음(陰)은 둘로 이어 받았다. 오직 <복희>께서 우러러 보고 굽어 살피시어, 홀(奇)과 짝(偶)이 베풀어짐에 양의(兩儀)가 生하니라.

이미 줄기가 생기고 가지를 쳐서[旣幹乃支], 하나가 각각 둘을 낳고, 음양이 사귀며 섞여서 사상(四象)이 서게 되었다. 홀에 홀 을 더하시니 양(陽)의 양(陽)이고, 홀에 짝을 더하시니 양과 음이 무늬하며, 짝에 홀을 다하시니 음은 안에 양은 바깥에 있고, 짝 에 짝을 더하시니 음과 음이 만남이라.

두번째로 태일이 이미 나뉘고[兩一旣分], 하나가 다시 둘을 낳 으니[一復生兩], 삼재가 눈앞에 있으며[三才在目], 팔괘(八卦)가

손바닥 안에 있게 되었다[八卦指掌]. 홀과 홀에 홀을 더하면[奇奇而奇] 제일 첫 번째는 건(乾 ☰)이고[初一曰乾], 홀과 홀에 짝을 더하면[奇奇而偶] 태(兌 ☱)가 두 번째 차례하며[兌次二焉], 홀과 짝에 홀을 더하면 세 번째로 리(離 ☲)이고, 홀과 짝에 짝을 더하면 네 번째로 진(震 ☳)이 따르며, 짝과 홀에 홀을 더하시니 손(巽 ☴)이 다섯 번째 있고, 짝과 홀에 짝을 더하시니 감(坎 ☵)을 여섯 번째 보게 되며, 짝과 짝에 홀을 더하시니 간(艮 ☶)이 일곱 번째 있고, 짝과 짝에 짝을 더하시니 곤(坤 ☷)이 여덟 번째로 마쳤다[坤八以畢].

첫 획(畫)은 양의(兩儀)가 되고, 중간 획은 사상(四象)이 되며, 세 번째 획은 팔괘(八卦)를 이루니, 인류의 문명이 밝아졌다[人文斯朗]. [팔괘를] 인해서 거듭 놓아[因而重之] 일정팔회(一貞八悔)하시니, 육십사괘가 안으로부터 바깥에 미쳤다. 교역(交易)이 본체가 되니[交易爲體], 이것이 가고 저것이 오며[往此來彼], 변역(變易)이 쓰임이 되니[變易爲用] 때로 고요하고 때로 움직인다[時靜時動].

[註解] "일정팔회(一貞八悔)": 체(體)가 되는 괘(卦)를 아래로 놓고, 그 위에 팔괘(八卦)를 순차적으로 놓는 조합(組合)을 뜻한다. 이 방법으로 하면 $8 \times 8 = 64$가 된다. 곧 하체(下體)는 바뀌지 않으므로 '정(貞)'이 되고, 상체(上體)는 여덟 번 바뀌므로 '회(悔)'가 된다.

일생이법(一生二法)에 의해 팔괘(八卦)를 이룬 후에는 계속해서 16, 32, 64로 분화하지 않고, 일정팔회(一貞八悔)에 의해 바로 6획 괘인 64괘를 이룬다.

"이것이 가고 저것이 오며(往此來彼)"의 뜻은 괘에 음효(陰爻)와

양효(陽爻)가 섞인 것을 말하며, "때로 고요하고 때로 움직인다(時靜時動)"의 뜻은 효(爻)가 동(動)하고 동하지 않는 것을 말한다.

위의 구절은 <복희씨>가 팔괘(八卦)를 거듭해서 64괘를 그으신 일을 설명한 것이다. [周易傳義大全譯解, 金碩鎭 註解 참조]

오제(五帝)를 지나 삼왕(三王)에 이르고, 하(夏)나라와 상(商)나라를 지남에, 점(占; 卦象)만 있고 글이 없으니, 백성들의 쓰는 것이 빛나지 못했다[民用弗章]. 문왕(文王)께서 단사(彖辭; 卦辭)를 붙이시고 주공(周公)께서 효사(爻辭)를 붙이셨다.

이 팔괘(八卦)를 보면, 두(上下) 순수한 괘와 여섯 효가 사귄 괘[二純六爻]이니, 건(乾 ☰)은 아버지이고 곤(坤 ☷)은 어머니며, 진·감·간(震 ☳·坎 ☵·艮 ☶)은 아들이고 손·리·태(巽 ☴·離 ☲·兌 ☱)는 딸이다. 리(離)는 남쪽, 감(坎)은 북쪽이고, 진(震)은 동쪽, 태(兌)는 서쪽이며, 건·곤·간·손(乾·坤·艮·巽)은 네 사잇 방위에 자리했다[位以四維]. 점치는 관원을 두어서 여러 사람의 소원을 이루게 한 것이 주역(周易)이라 이름 했다.[建官立師 命曰周易]. [註解: 文王八卦方位圖를 설명했다.]

공자(孔子)께서 전(傳)을 지으시니 이것이 십익(十翼)이다. 진(秦)나라를 거쳐도 타지 않다가[遭秦弗盡] 송(宋)나라 때에 이르러 밝혀졌다. 소강절(邵康節)이 복희씨(伏羲氏)의 획(畫)을 전(傳)하고, 정자(程子)는 주역을 연역(演繹)하여 상(象)이 베풀어지고 수가 벌려지며[象陳數列], 말을 다하고 이치가 얻어졌으니[言盡理得], 아득한 억만 년에 길이 떳떳한 법이 나타날 것이다.

## 나. 술지(述旨): 뜻을 기술함

옛날 오랜 옛날에, 세상이 질박하고 백성은 순박하여[世質民淳], 옳고 그름[是非]을 구별하지 못하고 이해(利害)가 분명하지 못했다. 풍기(風氣)가 이미 열림에 성인(聖人)이 나오시니, 총명하고 예지로움[聰明叡智]이 무리와 류에 뛰어났다[出類超群]. 우러러 보고 굽어 살피시어 홀수획[奇]과 짝수획[偶]을 처음 그으시고, 점치는 것[卜筮]을 가르쳐서 가능한 것과 그렇지 못한 것[可否]을 판단하게 하시며, 임금과 스승을 세워[作爲軍師] 출입문을 열게 하시어 밝은 삶을 살게 하시니[開鑿戶牖], 백성의 씀이 미혹되지 않고 떳떳한 지킴이 있었다[民用不迷 以有常守]. 중고(中古)에 내려옴에 세상이 변하고 풍속이 바뀌어서, 순박함이 상실되며 백성의 거짓이 날로 불어났다[民僞日滋].

덕이 훌륭하신[穆穆] 문왕(文王)께서 몸에 큰 환란을 입으셨으나, 처한 곳을 편안히 하고 천명을 즐기며[安土樂天], 오직 세상을 근심하시어 괘(卦)의 뜻을 근본으로 해서 단사(彖辭: 卦辭)를 붙이셨다. 주공(周公)에 이르러서, 여섯 효를 바탕[六爻是資]해서 일을 따라 가르침을 베푸심이 친절하고 자세하니, 반드시 중(中)하고 반드시 정(正)해야 형통하고 길하다고 했다. 자식에겐 오직 효도를 말했고 신하에겐 충성을 말했으며, 깊은 것을 끌어내고 작은 것을 밝힌 것이 해가 중천에 뜬 것과 같더니, 후세에 이르러서는 술수(術數)에 빠져 누구(僂句)[거북이로 점치는 것]로 속임을 이루고, 황상(黃裳)[주역점] 또한 잘못되었다.

[譯註] "누구(僂句)" [거북이로 점치는 것]: 『춘추좌전(春秋左傳)』 소공(昭公) 25년조(條)에 장소백(臧昭伯)의 "누구(僂句)"라는 신묘한 거북이를 장회(臧會)가 몰래 훔쳐 점을 쳐서는, 그 점괘대로 행하여 결국 장소백(臧昭伯)의 지위를 차지하고서는, "僂句不余欺也"라고 하면서 좋아했다는 고사(故事)에서 연유한다.

"황상(黃裳)": 『춘추좌전(春秋左傳)』소공(昭公) 12년조(條)에 남괴(南蒯)가 계평자(季平子)를 배반하고자 점을 했을 때 나온 점괘(坤之比). 불의한 일에 주역점을 쳤으나 욕심에 가려서 그 해석을 바르게 하지 못했으므로 결국 실패해 오히려 죽임을 당했다는 고사에서 연유한다.

크시도다! 공자(孔子)시여, 늦게 이 글을 좋아하시어 가죽으로 만든 책 끈이 이미 끊어졌다. 여덟 번을 기도로써 구해서[八索以祛] 단전(彖傳)과 상전(象傳)의 십익(十翼)을 지으심에, 오로지 의리(義理)로써 역경(易經)의 말을 발휘하셨으니, 평소에는 상(象)과 말(辭)을 살펴보고, 움직일 때는 변한 점(占)을 살피며, 존(存)하고 망(亡)하며 나아가고 물러남과, 올라가고 내려오며 날고 잠김[陟降飛潛]에 털끝만치도 어긋나지 않는다.

"나에게 몇 년만 더 주면 거의 큰 허물이 없을 것이다"[假我數年 庶无大咎]라고 하셨으니, 오직 세 시대의 옛날에[三古], 네 분의 성인[四聖]이 한 마음으로 상을 드리움[垂象]이 밝게 빛나서 천년에 군림하고 있거늘, 오직 배우는 사람이 그 처음을 근본하지 않고, 글과 말 그리고 상과 수[文辭象數]에 혹 번거로워지고 혹 구애되었다[或肆或拘].

아! 나 작은 사람이여[嗟予小子아]! 미미하고 좁아서 뚫으려하고,

우러러 보다 일생을 마치리니[鑽仰沒身], 어떻게 헤아리며 어떻게 연구하겠는가? 경계하지 않으면 거칠어지고 기록하지 않으면 잃어 버릴 것이니, 오직 의심스러운 곳을 남겨서 감히 후세에 전한다.

[譯註] "찬앙(鑽仰)": 논어(論語) 자한(子罕) 편에 "仰之彌高 鑽之彌堅"이라 했는바, 공자의 도(道)가 우러러보면 더욱 높고, 뚫으려고 해도 더욱 굳어서 알기 힘들다고 한 안자(顏子)의 말이다. [周易傳義大全譯解, 金碩鎭 註解 참조].

## 다. 명서(明筮): 점서(占筮)하는 법을 밝힘

숫자를 세운 이치의 근원[倚數之元]은 하늘의 수에 땅의 수를 짝으로 해서[參天兩地] 수의 이치를 밝힌 것이니, 넓혀서 극도로 하면[衍而極之] 50의 수가 갖추어진다. 이것을 대연수(大衍數)라 하니, 하나는 비워서 쓰지 않고[虛一无爲], 그 쓰는 것은 49개의 시초이다[其爲用者四十九蓍].

손에 맡겨 고르게 나누어서[信手平分], 오른쪽 것은 궤(책상)에 놓고, 오른쪽의 시초 하나를 취해서 왼쪽 새끼손가락 사이에 걸고, 오른손으로 왼쪽의 시초를 세어 넷으로 나눈 나머지를 손가락 사이에 끼되, 처음은 왼손 무명지 손가락 사이에 끼고, 오른쪽의 시초를 왼손으로 세니, 엄지손가락만 편해졌다[將指是安].

[註] "엄지손가락만 편해졌다(將指是安).": 엄지손가락을 제외한 모든 손가락 사이에 시초가 걸려 있다는 의미이다.

두 번 손가락에 낀 나머지의 합[再扐之奇]을 통틀어 세면, 다섯 개가 아니면 아홉 개가 되니[不五則九], 이것을 일변(一變)이라 한다. 이 걸고 낀 것을 놓아두고, 다시 남은 시초를 써서 나누고 세며 끼는 것을 다시 앞의 방법과 같이한다. 세 번째도 역시 그렇게 하니, 나머지가 다 넷 아니면 여덟이다[奇皆四八].

세 번 변함[三變]이 다 끝나면 수를 살필 수 있으니, 수를 살피는 법은 어떻게 하는가? 네 개와 다섯 개는 적은 것이 되고[四五爲少], 여덟 개와 아홉 개는 많은 것이 된다[八九爲多]. 셋[三變]이 다 적으면 九가 되니[三少爲九] 이것이 노양(老陽)이고, 셋이 다 많으면 六이 되니 [三多爲六] 노음(老陰)이 이에 해당한다. 한번은 적고 두번이 많은 것[一少兩多]은 소양(少陽)의 七이고, 어느 것이 소음(少陰)의 八인가 하면, 적은 것이 두 개이고 많은 것이 하나이다[少兩多一].

처음의 효[初爻]를 얻으면, 다시 앞의 시초를 합해서 마흔아홉 개를 전과 같이하라. 세 번 변해 한 효가 되니[三變一爻], 전부 열여덟[18] 번 변하면[通十八變] 여섯 효가 발휘하여 괘체를 볼 수 있다[六爻發揮 卦體可見].

노양과 노음은 극해서 변하고[老極而變], 소양과 소음은 그 항상함을 지키니[少守其常], 여섯 효가 다 변하지 않은 것은[六爻皆守] 괘사(卦辭)로서 보아야 하고[象辭是當], 한 효가 변했을 때는 그 효사(爻辭)를 보며, 두 효가 변했을 때는 위 효사와 아래 효사를 본다.

변하는 것이 세 효가 되면[變及三爻], 두 괘체[本卦와 之卦]를 보아 점치고[占兩卦體], 혹 네 효나 다섯 효가 변하면[或四或五], 지괘(之卦)의 불변 효를 보되[視彼所存], 네 효가 변한 것은 남아 있는[불변 효] 두 효를 보고, 다섯 효가 변한 것은 남은 한 효를 보는 것이니[四二五一], (불변 효가) 둘일 경우는 위 효와 아래 효로 나누어 보고, (불변 효가) 하나일 경우는 [그 하나만] 전일하게 본다[二分一專].

다 변해서 다른 괘가 되면 새로운 괘가 이루어지고 옛 것[本卦]이 허물어지며[皆變而他　新成舊毀], 소식(消息)하고 영허(盈虛)하는 것이니, 본괘를 놓아두고 변해서 나온 괘[之卦]를 본다[舍此視彼].

乾卦는 다 변하면 용구(用九)를 보아 점치고, 坤卦는 다 변하면 용륙(用六)을 보고 점치며, 泰卦는 否卦가 됨을 두려워하고, 姤卦는 復卦가 오는 것을 기뻐한다.

## 라. 계류(稽類): 상(象)의 종류를 상고(詳考)함

팔괘(八卦)의 상(象)은 설괘전(說卦傳)에서 자세히 설명했으나, 경(經)에서 상고해 보면 그 쓰임이 한 가지만이 아니다. 단사(彖辭 / 卦辭)는 뜻으로 말하고[彖以情言] 상사(象辭)는 상(象)으로써 고하니[象以象告], 이것으로써 찾으면 그 요점을 얻을 것이다.

乾(건☰)은 굳셈[健]이요 하늘의 운행[天行]이며, 坤(곤☷)은 순함[順]이요 땅의 따름[地從]이며, 震(진☳)은 움직임[動]이요 우레[雷]가 되며, 巽(손☴)은 들어감[入]이고 나무 또는 바람[木風]이 되며, 坎(감☵)은 험함[險]이고 물[水] 샘[泉]이 되며 또한 구름[雲] 또는 비[雨]가 되고, 離(리☲)는 걸림[麗]과 문명함[文明]이요 번개·해·불[雷日而火]이 되며, 艮(간☶)은 그침[止]이요 뫼[山]가 되며, 兌(태☱)는 기뻐함[說(열)]이 되고 못[澤]이 되니, 이것으로써 보면 그 요점을 얻을 것이다.

　괘의 육허(六虛: 괘의 여섯 빈자리[六位]를 뜻함)에 홀수와 짝수의 자리가 달라서, 홀수자리는 양(陽)이고 짝수자리는 음(陰)인 것이 각각 그 류(類)로써 하니, 자리를 얻음이 정(正: 바름)이 되고, 二爻와 五爻가 중(中: 가운데)이 되며, 二효는 신하자리이고 五효는 임금자리이며[二臣五君], 초효는 시작이고 上효는 마지막이다[初始上終].

　정(貞)과 회(悔)로 상하 괘체가 나뉘어지고([上下卦]體分), 효는 자리로써 응하니[爻以位應], 음양이 서로 구해야[陰陽相求] 그 바름을 얻는다[乃得其正]. 양은 착한 것이니[凡陽斯淑] 군자에 해당하고, 음은 사특한 것이니[凡陰斯慝] 소인(小人)이 된다. 상도(常道)는 류(類)로써 구할 수 있으나[註: 常道는 여기서는 양이 양자리에 있고 음이 음 자리에 있는 것이 상도이다], 변하는 것은 상례로써 헤아릴 수 없다. 그러나 상도가 아니면 어떻게 변할 수 있겠는가? 삼가 이것으로 법을 삼노라.

## 마. 경학(警學): 배우는 이에게 경계(警戒)함

　『주역』을 읽는 법은 먼저 그 마음을 바르게 하고[先正其心하고], 용모를 엄숙하게 하고 단정히 앉아서[肅容端席하야] 경건하게 임하되[有翼其臨호대(朱子曰翼敬也라)], 모든 괘와 효에 있어서는 점쳐서 얻은 것과 같이하며, 상과 말을 빌려서 나의 본받음과 법으로 삼으라.[于卦于爻에 如筮斯得하며 假彼象辭하야 爲我儀則하라]. 글자마다 그 훈계를 따르고 구절마다 그 뜻을 추구하며, 일은 그 이치에 맞게 하고 뜻은 평화롭게 하라[字從其訓하고 句逆其情하며 事因其理하고 意適其平하라].

　"그르다, 착하다"[曰否曰臧]라고 말함을 눈으로 보는 듯이 하고, "그친다, 행한다"[曰止曰行]라고 말함을 발로 밟듯이 하며, 너그럽게 하되 생략하지 말며[毋寬以略], 엄밀하되 궁하게 하지 말며[毋密以窮], 고집하지 말고 적합하게 하며[毋固而可], 반드시 이루기를 기약하지 말고 융통성 있게 해서[毋必而通], 평이하고 종용함이 겉으로부터 속에까지 이르게 하라[平易從容 自表而裏]. 그것을 익혀 관통하게 되면 만 가지 일이 한 이치이다[及其貫之 萬事一理]. 이치는 이미 실상으로 정해져 있으나 오는 일은 오히려 비어 있고[理定既實 事來尙虛], 용(用)은 응함에 따라 비로소 있는 것이나 체(體)는 모든 것을 갖추었으되 본래 없는 것이니 [用應始有 體該本無], 찬[實] 것에 머물러 빈 것을 기다리고 체를 살펴서 용에 응하며[稽實待虛 存體應用], 옛것을 가지고 지금을 제어하고 고요한 것으로 움직이는 것을 제재하라[執古御今 由靜制動].

　깨끗하고, 고요하고, 정미하고 은미한 것을 역(易)이라고 말하니[潔靜精微 是之謂易], 체득해서 나에게 있게 하면 움직임에 항상 길(吉)함이 있으리라[體之在我 動有常吉]. 옛날에 정씨(程子)가 주(周)나라의 문왕·주공과 공자를 이음에[在昔程氏 繼周紹孔], 깊은 뜻과 큰 벼리가 북극성을 중심으로 별을 둘러놓은 것 같았으나[奧指宏綱 星陳極拱], 오직 이것만은 가르치지 않고 뒷사람을 기다리므로[唯斯未啓 以俟後人], 내(朱子)가 소홀하고 거치나 감히 기술해서 펴내는 것이다[小子狂簡 敢述而申].

# 6. 筮儀(서의): 揲蓍(설시)하여 괘를 얻는 법[筮法]

[解題]: 이 서법(筮法)의 목적은 괘효(卦爻)의 변(變)을 구(求)하는 데 있고, 그렇게 해서 얻은 변(變)에 따라 점(占)을 치는 데 있다. 이하의 글은 朱子의『易本義』에 수록된「筮儀」한 편에 의거해서 본서법(本筮法)의 대요를 설명한 것이다.

이「筮儀(서의)」의 앞부분은 점서(占筮)에 필요한 여러 가지 서구(筮具)의 규격(規格)과 그것을 배치하는 자리[位置] 및 그것을 조작[揲蓍(설시)]하거나 기념(祈念)하며 치경(致敬)하는 고사(告辭), 등의 의례(儀禮)에 대해 상술(詳述)하고 있다. 이 모두가, 점서(占筮)의 행사(行事)를 신성화(神聖化)하는 데 도움을 주려는 것으로 이해된다.

서구(筮具)로서 필요불가결한 것은 시초(蓍草) [지금은 筮竹] "五十策"이며, 이것은 "大衍의 數 五十"을 [繫辭傳 大衍數章 參照] 상징한 것이다. 이 "五十策"을 이용해서 卦를 세우고[立卦], 그 얻은 괘효(卦爻)의 변(變)을 구해서, 그것을 가지고 점치는 것이다. 이 서법(筮法)의 가장 대표적인 것이 "四營十八變筮法"인 본서법(本筮法)으로, 이하에서 설명하고 있는 바와 같다.[이 밖에는 비록 "五十策"을 이용하더라도 모두 "약서법(略筮法)"에 해당하는 것이다].

"五十策" 가운데 우선 一策을 취하여 함[櫝]에 (보통은 筮竹을 넣어두는 竹筒에) 도로 넣는다. 이것을 허일(虛一)[虛無太一]로서 易의 太極을 상징하며 쓰지 않는다. 나머지 四十九策을 가지고 '사영(四營)'하는 것을 "일변(一變)"으로 삼는다. 삼변(三變)으로 한 爻를 이루게 된다[成爻]. 한 卦는 六爻이므로 한 卦를

얻는 데는 그 여섯 배인 "十八變"이 필요하다. 이러한 절차를
"四營十八變筮法"이라고 한다.

**筮儀(서의)**: 땅의 깨끗한 곳을 가려서[擇地潔處하야] 시초를
두는 방을 만들어 남쪽으로 창이 나게 하고[爲著室南戶하고], 방
가운데 상(牀)을 놓는다[置牀于室中央하라].

[상의 크기는 길이 다섯 자, 넓이 세 자 정도로 하고, 너무 벽
에 가까이 두지 않는다.]

시초 오십 줄기를[著五十莖을] 분홍빛 비단으로 싸서 검은 주
머니에 넣고[韜以纁帛하야 貯以皁囊하고], 함[櫝] 가운데 넣어 상
의 북쪽에 둔다[納之櫝中하야 置于牀北하라].

[함(櫝)은 대나무 통이나 단단한 나무 또는 베로 바른 옻나무
로 만든다. 원의 직경(圓徑)을 세치로 하고, 길이는 시초(著草)에
맞게 한다. 두 쪽으로 나누어 반은 밑으로 하고 반은 뚜껑으로
삼되, 아래에 별도로 받침대를 받쳐서 넘어지지 않게 한다].

나무시렁[木格]을 함의 남쪽(앞)에 설치해서[設木格于櫝南하
야], 상의 두 푼 북쪽(뒤)에 있게 한다[居牀二分之北하라].

[시렁(格)은 넓은 나무판으로 만들되, 높이는 한 자로 하고, 길
이는 상에 맞춘다. 가운데에 큰 홈을 두 개 만들되 간격을 한
자 되게 한다. 큰 홈의 서쪽(왼편)에 세 개의 작은 홈을 만들되,
간격을 각각 다섯 치로 해서 밑에 발을 놓을 수 있게 하고, 책
상 위에 옆으로 세운다].

향로를 시렁의 남쪽(앞)에 놓고[置香爐一于格南하고], 향합 하나를 향로 남쪽(앞)에 놓아 날마다 향을 피우고 정성을 드린다[香合一于爐南하야 日炷香致敬하라]. 점치려 할 때는 물 뿌려가며 쓸고 벼루를 닦은 후[將筮則灑掃拂拭滌硯하고], 연적에 물을 붓고 붓 하나, 먹 하나, 칠판 하나를 향로의 동쪽(오른쪽)과 동쪽 위에 놓는다[一注水及筆一墨一黃漆板一을 于爐東東上하고]. 점치는 사람이 목욕재계하고 의관을 깨끗이 한 후[筮者·齊潔衣冠하야], 북쪽을 향하여 서서 손을 씻고 향을 태우며 정성을 드린다[北面盥手焚香致敬하라].

[점치는 사람이 북쪽으로 얼굴을 향하는 것은 의례(儀禮)에 나타나 있다. 만일 사람을 시켜 점을 칠 때는, 주인(점을 의뢰한 사람)이 향을 태운 후 조금 물러나 북쪽을 향해 서고, 점치는 사람이 상 앞에 나아가 조금 서남쪽으로 향하여 서서 주인의 명을 받는다. 주인이 바로 점치는 일을 직접 고하되, 점치는 사람이 허락하면 주인이 오른쪽으로 돌아 서쪽을 향해 서고, 점치는 사람이 오른쪽으로 돌아 북쪽을 향해 선다].

두 손으로 함의 뚜껑을 열어서 시렁과 향로 사이에 둔다[兩手로 奉櫝蓋하야 置于格南爐北하라]. 시초를 함에서 내어 주머니와 싼 것을 푼 후[出蓍于櫝하야 去囊解韜하야], 함의 동쪽(오른쪽)에 놓고[置于櫝東하고], 오십 개의 시초를 두 손으로 잡고 향로 위에 쪼이고[合五十策하야 兩手執之하고 熏於爐上하고],

(이 뒤에 쓰이는 시초의 책수[蓍策之數]에 대해서는 그 설명이 朱子의 『역학계몽(易學啓蒙)』에 나타나 있다).

명하기를 "영명한 시초의 상도(常道) 있음을 빌립니다. 영명한 시초의 상도 있음을 빌립니다[命之曰 假爾泰筮有常하노라. 假爾泰筮有常하노라]. 지금 무슨 관직 아무개가 무슨 일이 되고 안 됨을 몰라서 신령께 여쭈오니, 길하고 흉하며, 얻고 잃으며, 뉘우치고 인색하며, 근심하고 걱정함을 신이시여 밝게 가르쳐 주소서!" 하고[某官姓名이 今以某事云云을 未知可否하야 爰質所疑于神于靈하오니 吉凶得失과 悔吝憂虞를 惟爾有神은 尙明告之하라 하고],

오른 손으로 시초 하나를 취해서 함 가운데 넣고, 두 손으로 나머지 마흔아홉 개의 시초를 나누어서, 시렁의 왼쪽 오른쪽 두 홈에 둔다[乃以右手로 取其一策하야 反於櫝中而以左右手로 中分四十九策하야 置格之左右兩大刻하라].

[이것이 첫 번째 경영함(第一營)이니, 이른바 "둘로 나누어서 양의(兩儀)를 상징한다"는 것이다].

다음은 왼손으로 왼쪽 큰 홈의 시초를 취해서 잡고, 오른손으로 오른쪽 큰 홈의 시초 중 하나를 취해서 왼손 새끼손가락 사이에 낀다[次以左手로 取左大刻之策하야 執之而以右手로 取右大刻之一策하야 掛于左手之小指間하고].

[이것이 두 번째 경영함(第二營)이니, 이른바 "하나를 걸어 삼재(三才)를 상징한다"고 한 것이다].

다음은 오른손으로 왼손의 시초를 넷 씩 센다[次以右手로 四揲左手之策하고].

[이것은 세 번째 경영의 반(第三營之半)이니, "넷 씩 세어서 사시(四時)를 상징한다"고 한 것이다].

다음은 세고 남은 시초를 처리하되, 넷씩 세다가 최종 남은 수를 한 개·두 개·세 개·네 개 중에 하나를 왼쪽 무명지 사이에 끼우고[次歸其所餘之策호대  或一或二或三或四를  而扐之左手无名指間하고],

[이것은 네 번째 경영의 반(第四營之半)이니, 이른바 "나머지를 끼어서 윤달(閏)을 상징한다"고 한 것이다].

다음은 오른손으로 다 센 시초를 왼쪽 큰 홈에 되돌려 놓고, 오른쪽 큰 홈의 시초를 잡고 왼손으로 넷 씩 세고[次以右手로 反過揲之策於左大刻하고  遂取右大刻之策하야  執之而以左手四揲之하고],

[이것이 세 번째 경영의 반(第三營之半)이다. * 앞서 세 번째 경영의 반을 했고, 이번에 다시 그 반을 했으므로 세 번째 경영을 마친 것이다].

다음은 그 남은 시초를 처리하되, 앞에서와 같이 왼손 가운데 손가락 사이에 끼고[次歸其所餘之策호대  如前而扐之左手中指之間하고],

[이것은 네 번째 경영의 반(第四營之半)이니, 이른바 "두 번 끼어 윤달을 상징한다"고 말한 것이다].

다음에 오른손으로 다 센 시초를 오른쪽 큰 홈에 올려놓고, 왼손의 한 번 걸고 두 번 끼운 시초를 합해서, 시렁 위의 제일 첫 번째 작은 홈에 놓으면, 이것이 일변(一變)이다.[次以右手로 反過揲之策於右大刻而合左手一掛二扐之策하야  置於格上第一小刻하면 是爲一變이라].

다시 두 손으로 왼쪽 오른쪽 큰 홈의 시초를 취해 합해서, 다시 네 번 경영하기를 일변할 때 하던 방법과 같이하고, 걸고 낀 시초를 시렁 위에 두 번째 작은 홈에 놓으면, 이것이 이변(二變)이다.[再以兩手로 取左右大刻之著合之하야 復四營을 如第一變之儀하고 而置其掛扐之策於格上第二小刻하면 是爲二變이라].

또 다시 왼쪽과 오른쪽 큰 홈의 시초를 취해서 합하고 [又再取左右大刻之著하야 合之하고], 다시 네 번 경영하기를 二變할 때와 같이하고, 걸고 낀 시초를 시렁 위에 세 번째 작은 홈에 놓으면, 이것이 三變이다.[復四營을 如第二變之儀하야 而置其掛扐之策於格上第三小刻하면 是爲三變이라].

三變을 마치면, 세 번 변해서 걸고 끼어 세어놓은 시초를 보고, 그 효를 칠판 위에 긋는다[三變旣畢하면 乃視其三變所得掛扐過揲之策하야 而畫其爻於版이라].

이와 같이하여 매번 세 번씩 변해서 한 효를 이루고[如是하야 每三變而成爻하므로써], 모두 열여덟 번 변해서 괘를 이루니[凡十有八變而成卦하니], 그 괘의 변한 것을 상고해서 일의 길하고 흉한 것을 점친다[乃考其卦之變하야 而占其事之吉凶이라].

예[서의]를 마치면, 시초를 싸서 주머니에 담아서 함에 넣고 뚜껑을 덮으며, 붓과 벼루・먹・칠판을 걷고, 다시 향을 태우며 정성을 드리고 물러난다[禮畢에 韜著하야 襲之以囊하고 入櫝加蓋하며 斂筆硯墨版하고 再焚香致敬而退니라].

[사람을 시켜 점을 쳤으면, 주인이 향을 태우고 점치는 사람에게 읍한 후 물러난다].

[註解]: "四營十八變筮法"에 대하여.

四營十八變筮法이란 易筮의 本筮法을 말한다. 著策[筮竹] "五十策" 가운데 우선 一策[一本]을 취하여 함[櫝]에 (보통은 筮竹을 넣어두는 竹筒에) 도로 넣는다. 이것을 허일(虛一)[虛無太一]로서 易의 太極을 상징하고 쓰지 않는다.

[이 "五十策"에 대해서는 本書의 "제2장 제6절 大衍數 五十說"을 참조할 것. 아울러 "제3장 제5절 朱子의 '五贊' 中 '明筮' 項目"을 참조].

나머지 四十九策을 가지고 '사영(四營)'하는 것을 "일변(一變)으로 삼는다. 삼변(三變)으로 한 爻를 이루게 되며[成爻]", 한 卦는 六爻이므로 한 卦를 얻는 데는 그 여섯 배인 "十八變"이 필요하다.

'四營'의 '營'은 經營한다는 뜻으로서 네 번 著策[산가치]을 경영[揲著]하는 서법인데, 이 사영함을 일변(一變)이라 한다. 이 四營의 과정은 '分二'가 제1영, '掛一'이 제2영, '揲四'가 제3영. 그리고 '歸奇再扐'이 제4영이다.

　　가) '分二'는 49책을 左右 양손으로 '둘로 나눈다'는 것이다. '分二'는 天地의 '兩儀'를 상징하는 것으로, 왼손에 있는 것을 天策[天數]으로 하고 오른손에 있는 것을 地策[地數]으로 삼는다. 이것이 第1營이다.

　　나) '掛一'(괘일)이란 1책을 [산가치 하나를] 취해서 왼손의 새끼손가락 사이에 거는 것이다. 이 1책은 편의에 따라 天策이나 또는 地策에서 취할 수 있는데 결과는 같다. 이 一策을 앞의 '天·地'에 짝[配]해서 '人'으로 삼아서 '三才'를 상징한다. 이것이 第2營이다.

　　다) '揲四'(설사)란 四策[산가치 네 개]씩 세는 것[揲, 셀 설]이다. 먼저 왼손의 천책(天策)을 오른손을 가지고 네 개씩 센다. 四策[산가치 네 개]씩 셈하는 것은 四時[四季]를 상징하는 것. 이것이 第3營의 前半이다.

　　라) '歸奇再扐'(귀기재륵)이란 '기(奇)'는 '揲四'(설사)한 나머지의 여책(餘策)이며, 이것을 '扐(륵)' 곧 손가락 사이에 끼우는 것을 '歸奇'라 한 것이며, 여책(餘策)을 왼손의 무명지[약손가락] 사이에 끼우는 것이다. '揲四'(설사)의 여책(餘策)은 '일책', 또는 '이책', 또는 '삼책', 또는 '사책'이 된다.[네 개의 산가치로 끊어져도 영(零 빌영)으로 셈하지 않는다]. 이것이 第4營의 前半이다.
　　다음, 오른손의 지책(地策)을 잡고서 왼손으로 '揲四'(설사)한다. 이것이 第3營의 後半이다. 그 여책(餘策)은 第4營의 前半과 같으며, 이것을 왼손의 중지(中指) 사이에 끼운다. 이것이 第4營의 後半이며, 거듭 끼우므로 '재륵(再扐)'이라 한다. 또한 이것은 五歲[五年]에 윤달[閏月]이 두 번 있음을 상징한다.

第3營과 第4營의 前半에 '揲四'(설사)하고, 그 後半에 '歸奇'(귀기)한다. '歸奇'하는 것이 두 번이므로 '再扐(재륵)'이라 이르며, 이상 네 번 경영하므로 '四營(사영)'이라 칭하며, 이것을 '第1變'으로 삼는다.

이 '四營(사영)'의 '1變의 결과로 얻은 여책(餘策)' 곧 기(奇)는 다음 네 가지의 경우가 된다. (1) 왼손의 여책(餘策) 곧 기(奇)가 하나[一]이면 오른손의 그것은 반드시 셋[三]이다. (2) 왼손이 둘[二]이면 오른손도 또한 둘[二]이다. (3) 왼손이 셋[三]이면 오른손은 반드시 하나[一]이다. (4) 왼손이 넷[四]이면 오른손도 넷[四]이다. 여기에 '掛一'(괘일)한 하나[一]를 더[加]하면, 다섯[五]이 3 / 4, 아홉[九]이 1 / 4의 確率(확률)로 얻어지게 된다. 설사(揲四)하므로 다섯[五]은 일설(一揲: 한 번 揲四)하는 數로서 '奇[奇數, 홀수]'가 되며, 아홉[九]은 두 번 揲四(兩揲)하는 數로서 '耦(짝)[偶數, 짝수]'가 된다. '奇[奇數]'는 세 번[三], '耦(짝)[偶數]'은 한 번[一]의 비율(比率)로 얻어진다.

'第1變'의 결과가 다섯[五] 또는 아홉[九]이므로, '第2變'을 시작할 때는 이것을 제외[除]하므로 이때의 책수는 '四十四(44)책' 또는 '四十(40)책'이 된다. 이것을 '第1變' 때와 같이 '四營'[分二·掛一·揲四·歸奇再扐] 하면, 그 결과로 얻어진 여책(餘策) 곧 기(奇)는 다음같이 네 가지의 경우가 된다. (1) 왼손이 '一'이면 오른손은 반드시 '二'가 된다. (2) 왼손이 '二'가 되면 오른손은 반드시 '一'이 된다. (3) 왼손이 '三'이면 오른손은 반드시 '四'가 된다. (4) 왼손이 '四'가 되면 오른손은 반드시 '三'이 된다. 여기에 '掛一'(괘일)한 하나[一策]를 합하면 '四' 또는 '八'이 된다. '四'의 경우는 '揲四'를 한 번하는 수[一揲의 數]이므로 '奇[홀수]'로 삼고, '八'의 경우는 두 번 세는[兩揲] 수이므로 '耦[우수]'로 삼는다. '奇'가 두 번, '耦'가 두 번으로 , 각각 2 / 4의 비율이다.[이것이 '第2變'의 결과이다].

‘第2變’의 결과가 ‘四’ 또는 ‘八’이므로, ‘第3變’을 시작할 때는 이것을 제외하면, 그 책수는 ‘사십(40)책’·‘삼십육(36)책’·‘삼십이(32)책’의 어느 것이 된다. 이것을 ‘第2變’과 같이 ‘四營’을 하면, 그 결과로 얻는 ‘餘策’은 ‘第2變’의 그것과 같다.

이상의 ‘四營 三變’에 있어서, 三變마다 반드시 ‘掛一’(괘일)하는 것이 중요하다. ‘四營 三變’해서 얻어진 결과에 대해서, ‘掛扐의 數’[掛一과 歸奇再扐을 합친 策數]와 ‘過揲의 數’[揲四한 나머지 策數]를 함께 검토해 보면, 다음 네 가지와 같은 경우가 된다.(‘掛扐의 數’ 중에는 앞서 설명한 대로 ‘五와 四’는 ‘奇’[少]로 하고, ‘九와 八’은 ‘耦’[多]로 한다).

(1) ‘掛扐’이 ‘三奇’[三少](5·4·4)이면, 그 합계가 13책이 되므로 처음 ‘49책’에서 ‘掛扐’의 책수를 제외한 ‘過揲의 策數’는 36책수가 된다. 이것은 ‘九揲’[4X9]의 수이므로 ‘노양’(老陽, 九)이라 칭한다. 그 획(畫)을 ‘▢’의 모양으로 표시하고, ‘重(중)’이라고도 말한다.

(2) ‘掛扐’이 ‘兩奇一耦’[兩少一多](5·4·8, 5·8·4, 9·4·4)이면, 그 합계가 17책이 되므로 그 ‘過揲의 策數’는 32책이 된다. 이것은 ‘八揲’[4X8]의 수이므로 ‘소음’(少陰, 八)이라 칭한다. 그 획(畫)을 ‘- -’의 모양으로 표시하고, ‘拆(탁)’이라고도 말한다.

(3) ‘掛扐’이 ‘兩耦一奇’[兩多一少](9·8·4, 9·4·8, 5·8·8)이면, 그 합계가 21책이 되므로 그 ‘過揲의 策數’는 28책이 된다. 이것은 ‘七揲’[4X7]의 수이므로 ‘소양’(少陽, 七)이라 칭한다. 그 획(畫)을 ‘—’의 모양으로 표시하고, ‘單(단)’이라고도 말한다.

(4) ‘掛扐’이 ‘三耦’[三多](9·8·8)이면, 그 합계가 25책이 되므로 그 ‘過揲의 策數’는 24책이 된다. 이것은 ‘六揲’[4X6]의 수이므로 ‘노음’(老陰, 六)이라 칭한다. 그 획(畫)을 ‘X’의 모양으로 표시하고, ‘交(교)’라고도 말한다.

이상과 같이, '四營 三變'해서 (1) '老陽'(九)·(2) '少陰'(八)·
(3) '少陽'(七)·(4) '老陰'(六)의 네 가지 중의 하나를 얻어서
'한 효'[一爻]를 이룬다. 이 네 가지 중에서 '老'는 '變'하고,
'少'는 '變'하지 않는다. 곧 (1) '老陽'(九)은 (2) '少陰'(八)으로
변하고, (4) '老陰'(六)은 (3) '少陽'(七)로 변한다.

周易은 바로 이 '變'으로 占을 치는 것이므로 (1) '老陽'(九)
과 (4) '老陰'(六)을 채택해서 점을 치는 것이다. '三變'해서 한
爻(효)를 얻게 되므로, 이것을 아래(下)부터 위(上)로 차례로 한
획씩 쌓아 올려서 여섯 爻로써 한 卦를 이루게 된다. 그러므로
'三變'의 여섯 배(倍), 곧 18變해서 한 卦를 얻게 된다. 이것을
「四營十八變筮法」(本筮法)이라고 하는 것이다.(끝).

# 제4장 부 론 I:
## 『說卦傳』의 全文註解

# 1. (머리말) 說卦傳에 대하여

『周易』 十翼(易傳) 중의 <繫辭傳>과 <說卦傳>은 周易 전체의 槪論이며, 易을 占書로서만 보지 않고, 高度의 哲學書로 그 가치를 높인 중요한 글이다.

<說卦傳>은 前半과 後半으로 나누어 볼 수 있으며, 前半은 <繫辭傳>과 마찬가지로 易 全體의 槪論이며 매우 간결한 要約이다. 後半은 八卦의 象徵을 수많이 제시하고 있으며, 篇名은 卦를 說明한다는 뜻이다.

통행 易經 중의 說卦傳의 分章은 朱熹의 <易本義>의 편집 형식에 따라 11장으로 나누어져 있다. 그러나 역경 주석가에 따라서는 <본의>의 분장이 번거롭다 생각하여 5장 또는 6장으로 나누는 경우도 있다. 여기 <설괘전> 역주는 圓齋 朴用載 선생의 分章方式에 따라서 5장으로 나누어 해설되어 있다.

# 2. 說卦傳의 構成(分章)과 成文內容

제1장 聖人의 作易說
(1) 神明과 生蓍에 대하여 (지상에 시초가 자생함을 명료하게 밝히는 글.)
(2) 參天兩地와 倚數에 대하여 (계사상전 4장[통행본 9장] 머리글에 天一, 地二 운운하는 數의 出處 本原을 명시하는 글.)

(3) 陰陽과 立卦, 剛柔와 生爻 (易 중 64괘 괘명과 384효의 九
六에 관한 글.)

(4) 易은 逆數다 (곧 伏羲八卦의 序次를 밝힘.)

제2장 聖人 伏羲八卦의 應用에 대한 意義를 밝히는 글.

제3장 伏羲八卦와 文王八卦의 卦德, 卦才, 또는 位에 대하여.

제4장 宇宙 안의 諸般 事物의 妙理를 밝혀내는 글.

제5장 周易八卦의 廣義. (廣八卦의 才氣說과 結語).

# 3. 本文과 譯註

## [第一章]

昔者聖人之作易也에 幽贊於神明而生蓍하고
석자성인지작역야   유찬어신명이생시

參天兩地而倚數하고
참천양지이의수

觀變於陰陽而立卦하고 發揮於剛柔而生爻하니
관변어음양이입괘   발휘어강유이생효

數往者는 順코 知來者는 逆하니 是故로 易은 逆數也라
수왕자  순  지래자  역하니  시고  역  역수야

昔者聖人之作易也에 幽贊於神明而生蓍하고 [옛날에 성인(聖
人)이 역(易)을 지을 때에 그윽하게 신명(神明)을 도움으로써
시초(蓍草)가 나왔고]

[程子曰] '그윽하게 신명을 도와 시초를 냈다(幽贊於神明而生
蓍)' 함은 시초를 써서 괘를 구했다는 것이다. 이는 시초가 있은
뒤에 괘를 그렸다는 말이 아니다.

[朱子本義] '그윽하게 신명을 돕는다'는 것은 화육(化育)을 돕는다고 말하는 것과 같다. 구협전(龜筴傳)에 말하기를 "천하가 평화함에 왕도(王道)가 얻어져서 시초의 줄기가 한 장(丈)이나 자라고 그 떨기로 난 것이 백 줄기(百莖)에 가득 찼다"고 했다.

'그윽하게 신명을 도와 시초를 냈다(幽贊於神明而生蓍)'고 말함은, 시초의 풀은 땅 위의 여러 다른 풀과 같이 아무 곳, 아무 땅에 언제나 돋아나는 것이 아니라, 오직 신통력(神明)을 가진 인물이 세상에 나타난 후에 비로소 지상(地上)에 자생(自生)하는 식물로 되어 있다. 이를 이름 하여 신초(神草)라 한다. 그러므로 공자가 '그윽하게 신명을 도와 시초를 냈다(幽贊於神明而生蓍)'고 말씀한 것이다.

## 參天兩地而倚(기)數하고
### 참 천 양 지 이          수

[하늘의 수에 땅을 짝으로 해서 수의 이치를 밝히시고]

이 구절은 계사상전 4장의 [통행본 9장] "天一, 地二, 天三, 地四, 天五, 地六, 天七, 地八, 天九, 地十"('天地之數'장)에서 밝힌 數의 本源을 설명한 글이다.

天地人 三才 중의 變化 無常한 眞理的인 數를 함유하고 있는 天에 地를 짝하여 "天一, 地二, ~天九, 地十"이라는 수를 立案해서 밝혔음을 뜻한다.

여기의 參(참)字는 수를 뜻하며, 하늘(天)의 變化 無常한 眞理的인 數, 곧 빽빽하게 들어서고 뒤섞여 가지런하지 않은 수(密密叢立 參差(치)不齊한 數)를 뜻한다. 또한 이 數는 귀신이 행하는 수, 즉 陰陽五行의 數 또는 河圖와 洛書의 數의 본원이 된다.

‘參天兩地’의 音은 ‘참천양지’이며, ‘兩’은 ‘짝 配’이라는 뜻이다. ‘倚’의 음은 ‘기’이며, 뜻은 ‘立’이며 ‘明’으로서 곧 ‘입안해서 밝히다’는 뜻이다. ‘數’는 이치(理致) 수, 헤아림 수(계산)이다.

[補註] (朱子本義) "參天兩地而倚數하고: (하늘은 셋으로 하고 땅은 둘로 해서 숫자를 붙이고), 하늘은 둥글고 땅은 모나니(天圓地方), 둥근 것은 (지름이) 하나고 둘레가 셋이라. 셋은 각각 하나의 홀수가 되기 때문에 하늘은 셋으로 해서 셋을 삼으며(參天而爲三), 모난 것은 (한 변이) 하나고 둘레가 넷이니, 넷은 두 개의 짝수를 합한 것이기 때문에 땅은 둘로 삼으니(兩地而爲二), 숫자가 다 여기에 의지해서 일어났다(數皆倚此而起)." 여기 글 중에 "參天兩地"에 대하여는 잘못 해석한 글이다. [圓齋註].

[補註]
## 易의 天地之數와 陰陽五行氣局數에 대해서
1. 天地之數:
   天 地, 天 地, 天 地, 天 地, 天 地
   一 二, 三 四, 五 六, 七 八, 九 十
2. 陰陽數
   奇數, 陽數: 一, 三, 五, 七, 九,
   偶數, 陰數: 二, 四, 六, 八, 十
3. 五行數
   水: 一, 陽水, (干支) 壬, 子,
    : 六, 陰水, (干支) 癸, 亥,
   火: 二, 陰火, (干支) 丁, 巳,
    : 七, 陽火, (干支) 丙, 午,

木: 三, 陽木, (干支) 甲, 寅,

　 : 八, 陰木, (干支) 乙, 卯,

金: 四, 陰金, (干支) 辛, 酉,

　 : 九, 陽金  (干支) 庚, 申,

土: 五, 陽土  (干支) 戊, 辰·戌,

　 : 十, 陰土  (干支) 己, 丑·未

## 4. 陰陽五行氣局數 (河圖·洛書의 數)

宇宙自然의 眞理가 數로 말미암아 變化하는 實相의 本源을 세상에 알리기 위하여 河馬와 靈龜의 등(背)에 點圖(陰陽五行氣局數)로서 (인간 目前에 現象으로)發露시킨 것이 河圖와 洛書다. 河圖는 左旋 相生之局이며, 洛書는 右旋 相剋之局이다. 이 河圖·洛書는 陰陽五行氣局數이니, 이 氣局數의 運行으로 인하여 天地 사이에 이러나는 變化 無窮하는 道가 生起하는 것이다.[河圖와 洛書 省略].

觀變於陰陽而立卦하고 發揮於剛柔而生爻하니
관 변 어 음 양 이 입 괘　　발 휘 어 강 유 이 생 효

[음양의 변화를 관찰하여 괘를 세우고,

강유를 발휘함으로서 효가 생하였으니].

음양의 변화를 관찰하여 卦名을 立案해서 정하고, 剛爻(一, 奇畫)와 柔爻(--, 偶畫)를 발휘함으로써 [192 陽位, 初·三·五와 192 陰位, 二·四·上], 易經의 初九, 九二……上九(양획의 부호)와 初六·六二……上六(음획의 부호)이라는 爻가 생하였다.

이 문단의 글은 易經의 괘의 순서와 384효를 지칭(의미)한 것이다.

數往者는 順코 知來者는 逆하니 是故로 易은 逆數也니라

[지나간 것을 셈하는 것은 順이고, 올 것을 아는 것은 逆이다. 그러므로 易은 逆하여 셈(數)하는 것이다].

이 '易은 逆하여 셈(數)하는 것'이라 함(易逆數者)은 年中의 氣候로 논하면, 冬至로부터 夏至에 이르는 동안은 陽氣가 상승하며, 하지로부터 동지에 이르는 동안은 陰氣가 상승함이다.
伏羲八卦(橫圖)의 次序가 左右 上下에서 모두 下를 기본으로 삼는 까닭으로 逆數라고 이른다. 곧 易의 生卦는 乾·兌·離·震·巽·坎·艮·坤으로 차서를 삼는다. 그러므로 모두 거슬러서 셈(逆數)하는 것이다.

[補記] "易은 逆하여 셈(數)하는 것(易逆數者)"에 대한 解說法은 古來로 學者마다 각양하다.

## [第二章]

昔者聖人之作易也는 將以順性命之理니,

是以로 立天之道曰陰與陽이오,

立地之道曰柔與剛이오,

立人之道曰仁與義니,

兼三才而兩之라,

故로 易이六畫이成卦하고, 分陰分陽하며,

迭用柔剛이라, 故로 易이六位而成章하니라.

[옛날에 聖人이 易을 지을 때, 性命의 理를 따랐다.
그러므로 天道를 이룬 것을 陰·陽이라 이르고,
地道를 이룬 것을 剛·柔라 이르고,
人道를 세운 것을 일러 仁·義라고 했다.
三才를 겸해서 둘로 했다. 그러므로 易은 六畫으로 卦를 이루었고,
陰으로 나뉘고 陽으로 나뉘어 剛柔를 번갈아 썼다.
그러므로 易은 六位로 文章을 이루었다].

[程子註] "天의 道를 이룬 것을 陰·陽이라 하고, 地의 道를
이룬 것을 剛·柔라 하고, 人道를 세운 것을 仁·義라고 했다.
三才를 겸해서 둘로 했다."하니 둘로 하지 않으면 쓸 수 없다. 또
말하기를, 陰·陽, 剛·柔, 仁·義는 다만 하나의 道理이다.
　孔子께서 仁을 말씀하실 때, 義를 겸해서 말씀하신 것이 없으
나, 周易에 "人道를 세운 것을 仁·義라고 하시고, 孟子께서 仁
을 말씀하실 때 반드시 義를 짝지어 말씀하시니, 仁 은 體이고
義는 用이다. 義가 用이 되고 仁의 바깥에 있지 않다는 것을 아
는 사람은 더불어 道를 말할 수 있다. 세상에 義를 논하는 사람
이 (의가 인의) 바깥에 있는 것으로 아는 사람이 많고, 그렇지 않
으면 의를 혼동해서 구별하지 못하니, 仁과 義를 모르는 말이다.
　사람의 도를 세우는 것을 인과 의라 하니, 오늘날로 보면 사
람의 도가 폐했다고 보면 옳으나, 지금까지도 폐하지 않은 것은
아직도 병이(秉彝)가 있어서 끝내 멸해 없앨 수 없는 것이다.

[朱子註] "三才를 겸해서 둘로 했다"고 함은 여섯 획을 다 말 한
것이고, 또 세분하면 음양의 자리(位)가 사이로 섞여서 문채를 이룬다.
　"三才를 겸해서 둘로 했다"고 함은 여섯 획을 종합하여 말 한
것이고, 또 세분하면 음양의 자리(位)가 섞여서(間雜) 문장을 이룬
것이다.

(語類): "[三才를 겸해서 둘로 했다]는 것은 初·三·五의 三位
는 陽位이고, 二·四·六의 三位는 陰位이다."(語類): [天道를 이
룬 것을 陰·陽이라] 함은 氣로써 말한 것이고, [地道를 이룬
것을 剛·柔라] 함은 質로써 말한 것이고, [人道를 세운 것을
仁·義라] 함은 理로써 말한 것이다.


**和順於道德而理於義하며 窮理盡性하야 以至於命하니라**

[道와 德에 화순하고 義에 다스려지게(처리)하며, 窮理하고 盡
性하여 天命에 이르는 것이다].


[程子註] [道와 德에 화순하고 義에 다스려지게(처리)한다]함
은 體와 用이다.


① [和順於道德而理於義]의 '義(의리)'는 곧 天道이니, 주역에
"의리에 다스려지게 함(理於義)과 한 가지이다. 옳은 것을 구함
(求是)이 곧 의리에 다스림(爲理義)이 되니,……여기서 다스림(理)
이라고 한 것은 사람들의 말 중에 보통 다스린다는 것과 같으니,
窮理(이치를 궁구하다)의 '이치 리(理)'와는 다르다.


② '이치를 궁구함에 힘쓴다고 함(所務於窮理者)'은 천하 만
물의 이치를 다 궁리해야 한다는 말이 아니며, 또한 한 가지 이
치만 궁리해서 통하면 된다는 것도 아니니, 단지 (이치를 궁리해
서) 쌓임이 많은 다음에 자연히 알 수 있는 것이다.


③ '이치를 궁구하고 성품을 다해서 명에 이른다고 한 말(窮
理盡性矣曰以至於命)'은, 힘을 쓸 곳이 전혀 없는 것이니(則全
无着力處), 마치 음악을 이룸에 즐거움이 저절로 생기는 뜻과
같다.

④ ‘이치를 궁구하고 성품을 다해서 명에 이른다(窮理盡性以至 於命)’고 한 말은, 세 가지 일이 동시에 이루어지니, 원래 순서가 없는 것이다. 이치를 궁구하는 것을 지적인 일(作知之事)로만 여겨서는 안 되니, 만약 실제로 이치를 궁리해서 얻는다면 성품과 명도 역시 얻을 수 있다.

⑤ 이치를 궁구해서 명에 이른다고 말함은 차례로 말하면 그렇게 되지 않을 수 없으나, 실제로는 단지 이치를 궁구하면 곧 성품을 다하고 명에 이르게 된다.

⑥ ‘이치를 궁구하고 성품을 다함으로써 명에 이름’(窮理盡性以至於命)은 한 가지 일이다. 이치를 궁리하면 곧 성품을 다하고, 성품을 다하면 곧 명에 이른다. 나무가 기둥이 될 수 있는 것은 이치이고, 구부려지거나 곧은 것은 성품이며, 구부려지고 곧게 하는 것은 명이니, 이치와 성품 및 명은 하나일 뿐이다.

⑦ 이치·성품·명, 셋은 다른 것이 아니다. 이치를 궁구하면 성품을 다하게 되고, 성품을 다하면 천명을 알게 될 것이니, 천명은 천도(天道)와 같은 것이다. 그 쓰임으로 말하면 명(命)이라고 하니, 명은 조화를 이르는 것이다(造化之謂也).

⑧ 이치는 궁구해야 하고, 성품은 다해야 하되, 명은 말할 수 없으니, 단지 궁구함과 다함이 명에 이르게 하는 것이다.

[朱子註] [和順於道德而理於義, 窮理盡性以至於命] ‘和順’은 從容(안온하게 조화되어 있음)하여 어그러진 바가 없는 것이니 종합해서 말한 것(統言之)이다. 理는 일(事)에 따라 그 조리(條理)를 얻는 것이니 분석하여 말한 것(析言之)이다. 천하의 이치를 궁구하고, 人物의 性品을 발휘하여 天道에 합하니, 이것이 聖人이 <易>을 지으신 지극한 공훈이다.

(語類): "묻기를, '和順於道德而理於義'는 聖人에 나아가 말한 것입니까, 아니면 <易>에 나아가 말한 것입니까? 대답하기를, <역>에 나아가 말한 것이다. 화순은 바로 성인이 화순하는 것입니까? <역>은 '和順於道德而理於義'에 가는 것이다. 예를 들어, 吉凶消長의 道가 順하여 거스름이 없는 것이 바로 和順於道德이다. 理於義는 그 세세한 것을 다(極)하여 말한 것이고, 일에 따라 각각 마땅함을 얻는 것을 말한다. 和順於道德은 <中庸>의 "高明"과 같고, 理於義는 <中庸>의 "道中庸"과 같다."


## [第三章]

天地－定位하며 山澤이 通氣하며 雷風이 相薄하며 水火－不相射(석)하야 八卦相錯하니,

[하늘과 땅이 자리를 정하고, 산과 못이 기를 통하고, 우레와 바람이 서로 부딪히며, 물과 불이 서로 싫어하지 않으니, 팔괘가 서로 어울리는(섞이는) 것이다].


[朱子註] 소자(邵子)가 이르기를, "이것은 복희(伏羲) 팔괘(八卦)의 위(位, 卦位)이다. 乾☰은 남쪽에 있고, 坤☷은 북쪽에 있으며, 離☲는 동쪽에 있고, 坎☵은 서쪽에 있으며, 兌☱는 동남에 자리하고, 震☳은 동북에 자리하고, 巽☴은 서남에 자리하고, 艮☶은 서북에 자리한다. 이리하여, 八卦가 서로 사귀어 육십사(64)괘를 이루니, 이것을 先天의 學問이라 한다."고 하였다. [선천팔괘도설 참조].


雷以動之코 風以散之코 雨以潤之코 日以晅之코 艮以止之코 兌以說之코 乾以君之코 坤以藏之하나니라.

[우레로 움직이고, 바람으로 흩어지게 하고, 비로 윤택하게 하며, 해로 온화하게 하고, 산으로 멈추게 하고, 호수(湖水)로 기쁨을 주고, 하늘로 우리를 다스리고, 땅으로 모든 것을 감춰두고 (우리에게 필요할 때 내 놓는다)].

[朱子註] 여기서는 卦位가 相對가 되니 윗 글(上章)과 같다.

[語類] "雷以動之" 이하의 네 구절은 象의 뜻을 많이 취하였기 때문에 象으로 말한 것이다. "艮以止之" 이하의 네 구절은 卦의 뜻을 많이 취하였기 때문에 卦로 말한 것이다.

帝-出乎震하야 齊乎巽하고 相見乎離하고 致役乎坤하고 說言乎兌하고 戰乎乾하고 勞乎坎하고 成言乎艮하나라.

[帝는 震에서 나와 巽에서 가지런히 하고, 離에서 서로 보고, 坤에서 힘쓰고 (역군이 되고), 兌에서 기뻐하고, 乾에서 싸우고, 坎에서 수고롭고 (위로를 받고), 艮에서 말씀을 이룬다(완성한다)]. (譯註: '戰'은 두려울 전, 秋霜이 내리는 時期).

[朱子註] 帝는 하늘의 主宰(주재)이다. 邵子가 이르기를, "이 卦位는 바로 文王이 확정한 것이니 이른바 後天의 學問이다"라고 하였다. [후천팔괘도설 참조].

[語類] "묻기를, 乾에서 싸운다"는 말은 무슨 뜻입니까? 대답하기를, 이 곳은 매우 어렵다. 아마도 죽이고 거두는 시절이기 때문에 "乾에서 싸운다"라고 하였다.

萬物이 出乎震하니 震은 東方也라.

[만물이 솟아나는 震은 동방이다].

齊乎巽**하니** 巽은 東南也**니** 齊也者**는** 言萬物之潔齊也**-라.**

[巽에서 (곡식들이 자라나) 가지런하니 巽은 동남방이다. 齊라는 것은 만물이 깨끗함 (잘 자람)을 말한다].

離也者**는** 明也**-니** 萬物이 皆相見**할새니** 南方之卦也**-니,** 聖人이 南面而聽天下**하야** 嚮明而治**하니** 蓋取諸此也**-라.**

[離(불)은 밝은 것이다. 만물이 (태양 아래서) 서로 보는 것이니 남방의 괘이다.

성인은 남쪽을 바라보고 앉아서 천하의 소리를 듣는다. 밝음을 향하여 다스리는 것이니 대개 (그 모습이) 이것에서 취했다].

坤也者**는** 地也**-니** 萬物이 皆致養焉**할새** 故로 曰致役乎坤**이라.**

[坤은 땅이니 만물이 땅에서 영양을 받아 자란다. 그러므로 坤에서 힘을 쓴다고 (땅처럼 수고하는 것은 없다고) 말한다].

兌는 正秋也**-니** 萬物之所說也**일새** 故로 曰 說言乎兌**라.**

[兌는 가을의 한복판이니, 만물이 가장 기뻐하는 때이다. 그러므로 兌에서 기뻐한다고 했다].

戰乎乾은 乾은 西北之卦也**-니** 言陰陽相薄也**-라.**

[乾에서 싸운다. 乾은 서북의 괘이니, 음양이 서로 부딪힌다는 말이다].

坎者는 水也ㅣ니 正北方之卦也ㅣ니 勞卦也ㅣ니 萬物之所歸
也일새 故로 曰 勞乎坎이라.

[坎은 물(水)이니, 북방의 괘이다. 위로를 받는 것(괘)이니 만물
이 돌아가는 곳이다. 그러므로 坎에서 위로를 받는다 했다].

艮은 東北之卦也ㅣ니 萬物之所成終而所成始也일새 故로 曰
成言乎艮이라.

[艮은 동북의 괘이다. 만물이 마침을 이루고 또 시작을 이루는 바이
다. 그러므로 艮에서 나를 이룬다고 했다]. (譯註: '言'은 我也 [나 언])

[程子註] (1). 남북의 위치(南北之位)가 정해지는 까닭은 "坎
☵ 離☲"에 있고, "坎 ☵ 離 ☲"는 또한 사람이 안배해서 된 것
이 아니니, 自然이 아닌 것이 없다.

(2). 艮 ☶은 그치는 것(止)이며, 생하는 것(生)이니, 그치면 생
하고 그치지 않으면 생하지 않으니(止則便生, 不止則不生),이것
은 "艮 ☶"이 만물을 마치고 시작하는 것(終始萬物)이다. 또 이
르기를, "陰陽이 사그라지며 또 자라나 클 때 (陰陽消長之際)
절연히 단절되는 이치가 없기 때문에 서로 섞이어 지나가서 만
물을 마치며 시작하게 하는 것이니, 만물이 艮 ☶에서 성하는 것
(萬物盛乎艮)이다. 이것은 신묘함을 다한 것이니, 이런 이치를
연구해야 할 것이다.

[朱子註] 위에서는 '帝'를 말했고, 여기서는 萬物이 帝를 따라
서 나가고 들어온다는 것(萬物之隨帝以出入也)을 말했다.

## [第四章]

神也者는 妙萬物而爲言者也－니,
신 야 자  묘 만 물 이 위 언 자 야

[神이라함은 만물을 신묘하게 한다 할 때 하는 말이다].


　　[圓齋註] 이 머리글의 '神' 字는 繫辭傳(상2장)의 "神无方而
易无體"의 '神'字와 같은 곳 끝 글의 "陰陽不測之謂神"의 '神'
字의 뜻과 같다.


動萬物者－莫疾乎雷하고,
동 만 물 자  막 질 호 뇌

[만물을 움직이는 것은 번개처럼 더 빠른 것이 없다.]


撓萬物者－莫疾乎風하고,
요 만 물 자  막 질 호 풍

[만물을 흩어지게 하는 것은 바람처럼 더 빠른 것이 없다].


燥萬物者－莫熯乎火하고,
조 만 물 자  막 한 호 화

[만물을 마르게 하는 것은 불처럼 잘 말리는 것이 없다].


說萬物者－莫說乎澤하고,
열 만 물 자  막 열 호 택

[만물을 기쁘게 하는 것은 호수보다 더한 것이 없다].


潤萬物者－莫潤乎水하고,
윤 만 물 자  막 윤 호 수

[만물을 윤택하게 하는 것은 물보다 더 한 것이 없다].

終萬物始萬物者－莫盛乎艮하니,
종 만물 시 만물 자  막 성 호 간

[만물을 끝맺고 시작하게 하는 것은 艮(산)보다 더 나은 것이 없다].


故로 水火－相逮하며 雷風이 不相悖하며 山澤이 通氣然後에
고    수화   상체     뇌풍   불상패       산택   통기연후

아 能變化하야 旣成萬物也하니라.
   능변화      기성만물 야

[그러므로 물과 불이 서로를 따르며, 우레와 바람이 서로를 거슬리지 않으며, 산과 못이 서로 기운을 통한 뒤에야 변화를 일으켜 만물을 다 이룰 수 있다].


[程子註] (1). '神'은 지극하고 묘하다는 말이다.(是極妙之語).
(2). '天'이라는 것은 이치이고, '神'은 만물을 묘하게 함을 말하며, '帝'는 일을 주재하는 것으로 이름붙인 것이다.


[朱子註] 이 글은 '乾과 坤'을 빼고, 오직 여섯 자식(六子)의 괘(震長男 · 巽長女 · 離中女 · 坎中男 · 兌小女 · 艮小男) 만 말해서 神의 하는 바를 나타낸 것이다. 그러나 그 자리(位)의 차례가 또한 위 장의 말을 썼으니, 그 뜻이 자세하지 않다.


乾은 健也－오, 坤은 順也－오, 震은 動也－오, 巽은 入也－오,
건   건 야      곤   순 야      진   동 야      손   입 야

坎은 陷也－오, 離는 麗也－오, 艮은 止也－오, 兌는 說也－라
감   함 야      이   여 야      간   지 야      태   열 야

[乾은 강건하다는 뜻이다. 坤은 유순하다는 뜻이다. 震은 움직인다는 뜻이다. 巽은 (바람이니) 들어간다는 뜻이다. 坎은 (물이니) 빠진다는 뜻이다. 離는 (불이니) 붙는다는 뜻이다. 艮은 (산이니) 그쳐있다는 뜻이다. 兌는 (못이니) 기쁘다는 뜻이다].


[朱子註] 이 글은 八卦의 性情을 말한 것이다.

乾爲首－오 坤爲腹이오 震爲足이오 巽爲股－오 坎爲耳－오
離爲目이오 艮爲手－오 兌爲口－라.

[乾은 머리(首)요, 坤은 배(腹)요, 震은 발(足)이오, 巽은 다리
(股)요, 坎은 귀(耳)요, 離는 눈(目)이요, 艮은 손(手)이요, 兌는 입
(口)이다].

[朱子註] 가깝게 몸에서 취한 것이 이와 같다.

乾爲馬－오 坤爲牛－오 震爲龍이오 巽爲鷄－오 坎爲豕－오
離爲雉－오 艮爲狗－오 兌爲羊이라.

[乾은 말(馬)과 같고, 坤은 소(牛)와 같고, 震은 용(龍)과 같고,
巽은 닭(鷄)과 같고, 坎은 돼지(豕)와 같고, 離는 꿩(雉)과 같고,
艮은 개(狗)와 같고, 兌는 양(羊)과 같다].

[朱子註] 멀리 물건에서 취함이 이와 같다.

## [第五章] (廣八卦章)

乾은 爲天 爲圜 爲君 爲父 爲玉 爲金 爲寒 爲冰 爲大赤
爲良馬 爲老馬 爲瘠馬 爲駁馬 爲木果－라

[乾(☰)은 하늘이오, 원(圜)이오, 임금이오, 아버지요, 옥(玉)이오, 금
(金)이오, 추위(寒)요, 어름(冰)이오, 큰 적색(赤色)이오, 좋은 말
(馬)이오, 늙은 말이오, 여윈 말이오, 얼룩말이오, 목과(木果)이다].

[程子註] <설괘전>에, 乾(☰)에 비록 하늘(天)이 된다고 말하고,
또 금(金)이 되고 옥이 되고, 얼룩말이 되고 좋은 말이 되며, 나
무 과실의 종류가 된다고 말했으나, 어떻게 하늘을 다 표현해
말할 수 있겠는가?

이와 같은 것은 만물의 성정(性情)을 분류한 것이다. 그러므로
<공자>께서 미루어 밝히셔서 이런 괘는 천문과 지리에는 어떤
물건이 되고, 새와 짐승, 풀과 나무에는 어떤 물건이 되며, 몸과
물건에는 어떤 것이 된다고 말씀하신 것이니, 각각 예를 든 것
이고, 다 말씀하시지 않은 것이다.

배우는 사람이 종류마다 유추해서 구하면, 생각이 반을 넘을
것이나, 그렇지 않으면 <설괘전>에 써 놓은 것이 무슨 소용이
되겠는가?

[朱子註] 순상(荀爽)의 『구가역(九家易)』은 이 아래에, 龍이
되고, 곧은 것(直)이 되고, 옷(衣)이 되고, 말(言)이 된다는 것이
더 있다.

**坤은 爲地 爲母 爲布 爲釜 爲吝嗇 爲均 爲子母牛 爲大輿
爲文 爲衆 爲柄이오 其於地也에 爲黑이라.**

[坤(☷)은 땅이오, 어미요, 베(布)요, 가마(釜)요, 인색한 것이요,
평균한 것이요, 새끼달린 어미 소요, 큰 수레요, 무늬(文)요, 무리
(衆)요, 자루(柄)요, 땅에서는 검은 것이 된다].

[朱子註] 순상(荀爽)의 『구가역(九家易)』에는, (이 아래에) 암컷
(牝)이 되고, 희미한 것(迷)이 되고, 모난 것(方)이 되고, 주머니(囊)
가 되고, 치마(裳)가 되고, 누런 것(黃 )이 되고, 비단(帛)이 되고,
장물(漿物, 미음/마실 것)이 된다는 것이 있다.

震은 爲雷, 爲龍, 爲玄黃, 爲敷(敷), 爲大塗(途), 爲長子, 爲決躁, 爲蒼筤竹, 爲萑(환)葦오.

其於馬也에 爲善鳴, 爲馵足, 爲作足, 爲的顙 이오.

其於稼也에 反生이오.

其究－爲健이오 爲蕃鮮이라.


[震(☳)은 우레가 되며, 龍이 되며, 검고 노랑이 되며, 꽃이 되며 (專는 통용해서 敷라 썼다.－茶山註－), 큰 길이 되며, 맏아들이 되며, 결단함을 조급히 함이 되며, 푸른 빛깔의 어린 대가 되며, 갈대가 된다. 그 말에 있어서는 잘 욺이 되며, 왼쪽 뒷발이 흰 말이 되며, 발을 일으켜 세움이 되며, 흰 이마가 된다.(「說文」엔 '的'을 '駒'이라 했다.)

그 곡식엔 다시 남이 된다. 그 마침이 건장함이 되며, 번성하여 고움이 된다].


　[朱子註] 순상(荀爽)의 『구가역(九家易)』에는 玉이 되고, 백조 (鵠)가 되며, 북(鼓)이 된다는 것이 있다.


巽은 爲木, 爲風, 爲長女, 爲繩直, 爲工, 爲白, 爲長, 爲高, 爲進退, 爲不果, 爲臭오.

其於人也에 爲寡髮, 爲廣顙, 爲多白眼, 爲近利市三倍오.

其究－爲躁卦라.

[巽(☴)은 나무가 되며, 바람이 되며, 첫째여성(큰딸)이 되며, 먹줄 곧음이 되며, 장인(匠人)이 되며, 힘이 되며, 깊이 되며, 높음이

되며, 나갔다 물러남이 되며, 과단성 없음이 되며, 냄새가 된다.
(茶山주: 王肅의 책엔 "향기냄새가 된다." 하였다).

그 사람에 있어서는 머리털이 적음이 되며, 넓은 이마가 되며, 흰자위가 많은 눈동자가 되며, 거의 이익이 값의 세 배가 된다.

그 다함이 조급한 卦가 되니라].


[朱子註] 순상(荀爽)의 『구가역(九家易)』에는 버들(楊)이 되고, 황새(鸛)가 된다는 것이 있다.


坎은 爲水, 爲溝瀆, 爲隱伏, 爲矯輮, 爲弓輪이오.

其於人也에 爲加憂, 爲心病, 爲耳痛, 爲血卦, 爲赤이오.

其於馬也에 爲美脊, 爲亟心, 爲下首, 爲薄蹄, 爲曳오.

其於輿也에 爲多眚이오. 爲通, 爲月, 爲盜오.

其於木也에 爲堅多心이라.

[坎(☵)은 물이 되며, 도랑이 되며, 숨어 엎드림이 되며, 바로잡아 곧게 함이 도며, 활과 수레바퀴가 된다.

그 사람에 있어서는 근심을 당함이 되며, 심장병이 되며, 귀앓이가 되며, 피의 卦가 되며, 붉음이 된다.

그 말에 있어서는 아름다운 등마루가 되며, 속마음이 되며, 머리 숙임이 되며, 얇은 발굽이 되며, 끎이 된다.

그 수레에 있어서는 재앙이 많음이 된다.

通함이 되며, 달이 되며, 도적이 된다.

그 나무에 있어서는 단단하며 心이 많음이 된다].

[朱子註]   순상(荀爽)의 『九家易』에는 궁궐(宮)이 되고, 법률(律)이 되며, 옳은 것(可)이 되고, 기둥(棟)이 되고, 떨기로 된 가시나무(叢棘)가 되고, 형틀(桎梏)이 된다는 것이 있다.

**離는 爲火, 爲日, 爲電, 爲中女, 爲甲冑, 爲戈兵이오.**

**其於人也에 爲大腹이오.**

**爲乾(간)卦, 爲鱉, 爲蟹, 爲蠃, 爲蚌, 爲龜오.**

**其於木야에 爲科上槁라.**

[離(☲)는 불이 되며, 해가 되며, 번개가 되며, 中女(중년여성)가 되며, 갑옷과 투구가 되며, 창과 연장(병기)이 된다.

그 사람에 있어서는 큰 배(腹)가 된다.

마른 卦가 되며, (乾의 소리는 '간'이다.) 자라가 되며, 게가 되며, 소라(혹은 나나니벌, 蠃)가 되며, 방합이 되며, 거북이 된다.

그 나무에 있어서는 속빈 가지의 위가 마름이 된다].

[朱子註]   순상(荀爽)의 『구가역(九家易)』에는 암소(牝牛)가 된다는 것이 있다.

[茶山註]   離(☲)는 화살이 된다. (馬融과 王肅이 말했다.) 虞氏가 말하길 "離(☲)는 도끼가 되며, (또 그물이 된다.) 여름이 된다." 하였다.

**艮(☶)은 爲山, 爲徑路, 爲小石, 爲門闕, 爲果蓏, 爲閽寺(시),**

**爲指, 爲狗, 爲鼠, 爲黔喙之屬이오.**

**其於木也야에 爲堅多節이라.**

[艮(☶)은 山이 되며, 지름길이 되며, 작은 돌이 되며, 門闕(대궐의 문)이 되며, 나무열매와 풀 열매가 되며, 문지기·내시가 되며, (다산주: 한 곳엔 '闍'라 썼다.) 손가락이 되며, 개가 되며, 쥐가 되며, 검은 주둥이의 무리가 된다.

그 나무에 있어서는 단단하며 마디가 많음이 된다].

　　[朱子註] 순상(荀爽)의 『구가역(九家易)』에는 코(鼻)가 되고, 호랑이(虎)가 되고, 여우(狐)가 된다는 것이 있다.

兌(☱)는 爲澤, 爲少女, 爲巫, 爲口舌, 爲毀折, 爲附決이오. 其於地也에 爲剛鹵오. 爲妾, 爲羊이라.

[兌(☱)는 못이 되며, 少女가 되며, 무당이 되며, 말다툼이 되며, 헐어 꺾임이 되며, 붙었다 터짐이 된다.

그 땅에 있어서는 단단하며 짬이 된다.

妾이 되며, 羊이 된다].

　　[朱子註] 순상(荀爽)의 『구가역(九家易)』에는 항상함(常)이 되고, 볼떼기와 뺨(輔頰)이 된다는 것이 있다.

　　[茶山註] 순상(荀爽)의 『구가역(九家易)』에는 "兌(☱)는 깃발이 된다."고 하였다.

乾(☰)은 天也ㅡ라 故로 稱乎父ㅡ오.

坤(☷)은 地也ㅡ라 故로 稱乎母ㅡ오.

震(☳)은 一索而得男이라 故로 謂之長男이오.

巽(☴)은 一索而得女—라 故로 謂之長女—오.

坎(☵)은 再索而得男이라 故로 謂之中男이오.

離(☲)는 再索而得女—라 故로 謂之中女—오.

艮(☶)은 三索而得男이라 故로 謂之少男이오.

兌(☱)는 三索而得女—라 故로 謂之少女—라.

[乾(☰)은 하늘이라, 그러므로 '아버지'라 일컬은 것이요.

坤(☷)은 땅이라, 그러므로 '어머니'라 일컬은 것이요.

震(☳)은 첫 번째로 求해서 사내를 얻었음이라, 그러므로 長男이라 말한 것이요.

巽(☴)은 첫 번째로 구해서 딸을 얻었음이라, 그러므로 長女라 말한 것이요.

坎(☵)은 두 번째로 구해서 사내를 얻었음이라, 그러므로 中男이라 말한 것이요.

離(☲)는 두 번째로 구해서 딸을 얻었음이라, 그러므로 中女라 말한 것이요.

艮(☶)은 세 번째로 구해서 사내를 얻었음이라, 그러므로 少男이라 말한 것이요.

兌(☱)는 세 번째로 구해서 딸을 얻었음이라, 그러므로 少女라 말한 것이다].


[朱子註] 索은 求한다는 것이니, 蓍草를 세어서 爻를 구하는 것을 말하고, 남자와 여자는 小成卦 가운데 한 陰爻와 한 陽爻를 가리켜 말한 것이다.

[圓齋註] 이 文段은 제5장의 끝머리로서, 본장을 마무리하는 結語辭이다.

# 제5장 부 론 Ⅱ:
## 새로운 『繫辭傳』의 全文對譯

# 繫辭上傳

## 第一章

### 第一節

天尊地卑**하니** 乾坤**이** 定矣**요** 卑高以陳**하니** 貴賤**이** 位矣**요** 動靜有常**하니** 剛柔斷矣**요** 方以類聚**하며** 物以羣分**하니** 吉凶**이** 生矣**요** 在天成象**하고** 在地成形**하니** 變化見矣**라**.

是故**로** 剛柔相摩**하며** 八卦相盪**하야** 鼓之以雷霆**하고** 潤之以風雨**하며** 日月**이** 運行**하야** 一寒一暑**로다**.

[하늘은 높고 땅은 낮으니 건(乾)과 곤(坤)이 정하여진 것이요, 낮음과 높음이 벌려져 있으니 귀하고 천한 자리(位)가 있는 것이요, 움직임과 고요함에 항상 됨이 있으니 강(剛)함과 유(柔)함이 판가름된다. 일은 부류를 따라 모이고 만물은 무리에 따라 나누어지나니, 길함과 흉함이 저절로 생겨나고, 하늘에 있어서는 상(象)을 이루고 땅에 있어서는 모양(形)이 이루어지나니 여기에 변화가 나타나느니라.

이러므로 강함과 유함이 서로 접하며, 팔괘(八卦)가 서로 재능을 도움하야 만물의 본원을 진작시키되 우레와 그 울림소리로써 하고, 만물을 윤택하게 하되 바람과 비로써 하며, 해와 달이 운행하여 한 차례 추워지고 한 차례 더워진다].

乾道成男**하고** 坤道成女**하며** 乾知大始**요** 坤作成物**이라.**

乾以易知**요** 坤以簡能**이니** 易則易知**요** 簡則易從**이요** 易知則有親**이요** 易從則有功**이며** 有親則可久**요** 有功則可大**며** 可久則賢人之德**이요** 可大則賢人之業**이라.** 易簡而天下之理得矣**니** 天下之理得 而成位乎其中矣**니라.**

[건(乾)의 도는 남성을 이루고 곤(坤)의 도는 여성을 이루며, 건은 모든 위대한 시작을 맡고 곤은 만물을 완성시킨다.

건(乾)은 일의 시작을 어렵지 않게 주관하며 곤(坤)은 모든 일을 성실히 가려서 처리하나니, 일에 어려움이 없으면 주관하기가 쉽고, 성심으로 가려서 처리하면 따르기가 쉬우며, 쉽게 다스리면 친함이 있는 것이요, 쉽게 따르면 공(功)이 있는 것이며, 친함이 있은즉 오래갈 수 있는 것이요, 공이 있은즉 크게 되는 것이며, 오래갈 수 있음은, 즉 현인의 덕(德)이요, 크게 됨은 곧 현인의 사업이다. 쉽고 간요(簡要)로서 능히 천하의 이법(理法)을 얻으니, 천하의 이법을 얻음으로써 이에 자리를 그 가운데 이루나니라].

## 第二節

聖人**이** 設卦**하야** 觀象繫辭焉**하야** 而明吉凶**하며,** 剛柔相推**하야** 而生變化**하니** 變化者**는** 進退之象也**오,** 剛柔者**는** 晝夜之象也**오,** 六爻之動**은** 三極之道也**니라.**

[성인(聖人)이 괘(卦)를 베풀어서 상(象)을 살펴보고 말씀(辭)을 달아서 길(吉)하고 흉(凶)한 일을 밝혔다. 강(剛)하고 유(柔)한 기

(氣)가 서로 밀쳐서 변화가 일어난다. 변화라는 것은 나아가고 물러남의 상(象)이다. 강함과 유함이란 낮과 밤의 상(象)이다. 육효(六爻)가 변동함은 삼극(三極) [天地人]의 도(道)이다].

**是故로 易有太極하니 是生兩儀하고 兩儀生四象하고 四象이生八卦하니, 八卦로 定吉凶하고 吉凶이 生大業이라. 八卦는 以象告하고 爻象은 以情言하니 剛柔雜居而吉凶을 可見矣라.**

[이러므로 역(易)에는 태극(太極)이 있으니, 이것이 양의(兩儀)를 낳고 양의는 사상(四象)을 낳으며 사상은 팔괘(八卦)를 낳고, 팔괘는 길함과 흉함을 정하며 길흉은 큰 사업을 낳는다.

팔괘는 상(象)으로 알려주고 효사(爻辭)와 단사(彖辭)는 실상(實情)을 말한다. 강함과 유함이 섞여있음으로 해서 길흉을 알아볼 수 있다].

**是故로 吉凶者는 失得之象也오, 悔吝者는 憂虞之象也오,**

[이러므로 길하고 흉한 것은 얻음과 잃음의 상(象)이요, 뉘우치고 한탄하는 것은 근심과 걱정의 상이다].

**是故로 君子 所居而安者는 易之序也오, 所樂而玩者는 爻之辭也니라.**

[이러므로 군자가 집에 있어서 안착된 마음으로 살펴야 할 바는 역(易)의 차례요, 즐겨서 익혀야 할 바는 여러 효의 사(爻辭)이다].

是故로 君子 居則觀其象 而玩其辭**하고** 動則觀其變 而玩其
占**하나니** 是以**로** 自天祐之**하야** 吉无不利**니라.**

[이러므로 군자가 안거(安居)한 때인즉 그 상(象)을 살펴보아서
그 글(辭)을 음미하여 보며, 움직일 때인즉 그 변함을 살펴보고
그 점(占)의 길흉을 익숙히 알아보나니 이러므로 써 하늘로부터
도움이 있어 길하고 이롭지 않음이 없는 것이다].

### 第三節

象者**는** 言乎象者也**요,** 爻者**는** 言乎變者也**요.**
吉凶者**는** 言乎其失得也**요** 悔吝者**는** 言乎其小疵也**요**
无咎者**는** 善補過也**니라**

[단사(象辭)는 상(象)을 말한 것이고, 효사(爻辭)는 변(變)을 말
한 것이다. 길과 흉은 잃음과 얻음(失得)을 말한 것이며, 한스럽
고 인색하다 함(悔吝)은 그 조그마한 허물을 말한 것이다. 허물
이 없다(无咎)하는 것은 허물을 잘 보완한 것이다].

是故**로** 列貴賤者**는** 存乎位**하고**
齊小大者**는** 存乎卦**하고** 辯吉凶者**는** 存乎辭**하고**
憂悔吝者**는** 存乎介**하고** 震无咎者**는** 存乎悔**하니**
是故**로** 卦有小大**하고** 辭有險易**하니** 辭也者**는** 各指其所之**니라.**

[이러므로 귀한 것과 천한 것을 차례로 배열한 것은 육효(六
爻)의 놓인 자리에서 드러나고,

작고 큰 것을 가리는 것은 괘(卦)에 있으며, 길과 흉을 변별하는 것은 글귀(辭)에 있다.

지나간 일에 실수와 인색하였던 것을 근심하는 것은 당시에 처하여 있는 상황에 두어져 있고, 두려워해서 허물이 없는 것은 뉘우침에 두어져 있다.

이러므로 괘에는 크고 작은 것이 있으며, 글귀에는 어려운 것과 쉬운 것이 있으니 문사(辭)는 각각 그 나아갈 바를 가리킴이니라].

## 第二章

### 第一節

易은 與天地準이라 故로 能彌綸天地之道하나니
仰以觀於天文하고 俯以察於地理라 是故로 知幽明之故하며
原始反終이라 故로 知死生之說하며 精氣爲物이오 游魂爲變이
라 是故로 知鬼神之情狀하나니라

[易이 천지의 법리와 더불어 비기겠는지라, 그러므로 능히 천지의 도를 두루 다스리나니,

우러러서 하늘의 현상을 보고 구부려서 땅의 이치를 살피는지라, 이러므로 깊어서 보이지 않는 것과 명료하게 보이는 것의 연고를 알며,

처음을 본원으로 하여 끝에 제자리로 돌아가는지라. 그러므로 죽고 사는 원리를 아느니라.

신묘한 기운이 유형물이 되고 혼이 떠나면 죽음으로 변하는지

라, 이러므로 귀신의 정상을 아느니라].

　與天地相似**라** 故**로** 不違**하나니,** 知周乎萬物而道濟天下**라** 故**로** 不過**하며,** 旁行而不流**하야** 樂天知命**이라** 故**로** 不憂**하며,** 安土**하여** 敦乎仁**이라** 故**로** 能愛**하나니라**

　[천지와 더불어 서로 같은지라 그러므로 어기지 아니하나니, 아는 지혜는 만물에 넓게 미치고 도는 천하를 구제하는지라 그러므로 잘못되지 아니하며, 두루 행해도 흘러넘치지 아니하며 하늘을 즐거워하고 명을 아는지라, 그러므로 근심하지 아니하며 있는 자리(土에) 편안히 해서 덕 있는 사람 노릇을 힘써 하는지라, 그러므로 능히 (만물을) 사랑하느니라].

　範圍天地之化而不過**하며**　曲成萬物而不遺**하며**　通乎晝夜之道而知**라** 故**로** 神无方而易无體**하니라**

　[천지의 조화(造化)를 본뜨되 지나치지 아니하며, 만물을 골고루 이루어서 빠뜨리지 아니하며, 밤낮의 도를 통하여 주도하는지라, 그러므로 신은 일정한 방소(方所)가 없고 易은 정해진 체상(體相)이 없느니라].

## 第二節

　一陰一陽之謂道**니** 繼之者善也**오** 成之者性也**라**
　仁者見之**에** 謂之仁**하며** 知者見之**에** 謂之知**요**
　百姓**은** 日用而不知**라** 故**로** 君子之道鮮矣**니라**

[한 차례 陰하고 한 차례 陽하는 것을 일러 道라고 하니,
이를 잇는 것이 善이요, 이를 이룬 것이 性이라.
인자한 이가 보고서 仁이라 하며, 지혜로운 이가 보고서 知(智)
라 이르며, 백성은 날마다 쓰면서도 알지 못하는지라, 그러므로 군
자의 도가 적느니라].

顯諸仁**하며** 藏諸用**하야** 鼓萬物而不與聖人同憂**하나니**
盛德大業**이** 至矣哉**라**
富有之謂大業**이요** 日新之謂盛德**이요**

[무릇 仁을 드러내고 무릇 用을 감춰서 만물을 고동시키되 성인
과 더불어 같이 근심하지 않나니, 성한 덕과 큰 업이 지극한지라.
풍부하게 갖고 있는 것을 대업이라고 하고, 날로 새로워지는
것을 성덕이라고 한다].

**第三節**

生生之謂 易**이오**
成象之謂 乾**이오**
效法之謂 坤**이오**

[(끊임없이 저절로) 낳고 낳는 것을 일러 易이라 하며,
象을 이룬 것을 일러 乾이라 하고,
法을 본받는 것을 일러 坤이라 하고],

極數知來之謂 占**이오**

通變之謂 事오
陰陽不測之謂 神이라

[數를 끝까지 미루어서 未來를 아는 것을 일러 占이라 하고,
변하여 통해 나아가는 것을 일러 事(일)이라 하고,
陰陽의 헤아릴 수 없는 것을 일러 神이라 하니라].


## 第三章

### 第一節

夫易은 廣矣大矣라 以言乎遠則不禦하고 以言乎邇則靜而正
하고 以言乎天地之間則備矣라

[저 易은 넓고 큰지라. 이런 연고로) 깊고 먼 것을 말하려 한즉
막힘이 없고, 가까운 것을 말하려 한즉 고요하면서 올바름을 지키
고, 이에 천지의 사이를 말하려 한즉 갖추지 않음이 없는지라].

夫乾은 其靜也 專하고 其動也 直이라 是以大이 生焉하며
夫坤은 其靜也 翕하고 其動也 闢이라 是以廣이 生焉하나니

[저 乾은 그 고요함에는 전일하고, 그 움직임에는 곧은지라 이
러므로 큼이 저절로 생겨나오며,
저 坤은 고요함에는 닫히고, 그 움직임에는 열리는지라 이러므
로 넓음이 저절로 생겨나나니],

　廣大는 配天地**하고** 變通은 配四時**하고** 陰陽之義**는** 配日月
**하고** 易簡之善**은** 配至德**하니라**


　넓고 큰 것은 천지와 짝하고, 변하고 통하는 것은 사시와 짝하
고, 음양의 의의는 일월과 짝하고, 쉽고 간요한 善은 지극한 덕
에 짝이 되느니라].


　子曰 易**이** 其至矣乎**인져** 夫易**은** 聖人**이** 所以崇德而廣業也
**니** 知**는** 崇**코** 禮**는** 卑**하니** 崇**은** 效天**하고** 卑**는** 法地**하니라**


　[공자 말씀하시기를 易이 지극하구나. 저 易은 성인이 그로써
덕을 높이고 일을 넓게 펴는 바이니, 知(智)는 높고 禮는 낮으니
높음은 하늘을 본받고 낮음은 땅을 본받음이니라].


　天地 設位**어든** 而易**이** 行乎其中矣**니** 成性存存**이** 道義之門**이라**


　[천지가 자리를 펴거든 易이 그 가운데 행하나니, (易理로서)
이루어진 性을 보존하고 살핌이 도의의 문이라].


## 第二節


　易有四象**은** 所以示也**오** 繫辭焉**은** 所以告也**오** 定之以吉凶**은**
所以斷也**라**

　[易에 四象이 있음은 易을 이용함에 象을 수시(垂示)하게 하기
위함이요, [이 象에다] 말(辭)을 매달아 놓은 것은 易을 이용하는
것을 알기 위함이요, 吉凶을 정해놓은 것은 그 卦와 爻에 판결

을 내리기 위한 바라].

是故로 夫象은 聖人이 有以見天下之賾**하야** 而擬諸其形容**하며** 象其物宜**라** 是故 謂之象**이오** 聖人이 有以見天下之動**하되** 而觀其會通**하야** 以行其典禮**하며** 繫辭焉**하야** 以斷其吉凶**이라** 是故**로** 謂之爻**니**

[이러므로 저 象은 성인이 천하의 심오한 이치를 찾아보아 그 모습(形容)을 비기며, 그 사물에 마땅한 것을 본떴느니라(像) 이러므로 象이라 하고,

성인이 천하의 움직임의 뜻을 보되 널리 통할 수 있느냐를 살펴보아서 그 법도에 맞는 禮를 행하며, 말을 붙여 길흉을 판단케 한지라 이러므로 爻라 이르니],

言天下之至賾**호대** 而不可惡也**며** 言天下之至動**호대** 而不可亂也**니**

[천하의 지극히 심오한 이치를 말했으되 가히 염증을 내지 말아야 하며, 천하의 지극한 변동을 말하되 가히 혼란스럽게 하지 말아야 하니],

擬之而後**에** 言**하고** 議之而後**에** 動**이니** 擬議**하야** 以成其變化**하니라**

[비겨본 후에 말하고 따져본 뒤에 움직이나니, 본뜨고 따져보아서 인하여 그 변화를 완성하나니라].

## 第三節

極天下之賾者**는** 存乎卦**하고** 鼓天下之動者**는** 存乎辭**하고**

[천하의 찾기 어려운 것을 찾는 근본은 괘(卦)에 두어져 있고, 천하의 움직임(動)을 더듬는 것은 사(卦爻辭)에 두어져 있고],

聖人**이** 有以見天下之賾**하야** 而擬諸其形容**하며** 象其物宜**라** 是故**로** 謂之象**이오**

[성인이 천하의 찾기 어려운 것을 찾아보아 그 모습을 비기며 그 사물에 마땅한 것을 본뜨는지라 이러므로 象이라 이르고],

古者包犠氏之王天下也**에** 仰則觀象於天**하고** 俯則觀法於地**하되** 觀鳥獸之文**이** 與地之宜**하며** 近取諸身**하고** 遠取諸物**하야** 於是**에** 始作八卦**하야** 以通神明之德**하며** 以類萬物之情**하니**

[옛날의 포희씨가 천하를 다스릴 때 우러러서는 하늘에 기상을 관찰하고 굽어보아서는 땅의 법식을 관찰하되, 조수의 모양새가 땅과 더불어 마땅한가를 관찰하며, 가까이는 몸에서 취하고 멀리는 모든 사물에서 취하여, 이에 비로소 팔괘를 그려서 신명의 덕과 통하며 만물의 정과 비겼으니],

作結繩而爲網罟**하야** 以佃以漁**하니** 蓋取諸離**하고**

[노끈을 매져서 그물을 만들어 육지의 동물을 사냥하고 물고기

를 잡았으니, 대개 저 이괘(離卦)에서 취하였고],

包犧氏沒**커늘** 神農氏作**하야** 斲木爲耟**하고** 揉木爲耒**하야** 耒耟之利**로** 以敎天下**하니** 蓋取諸益**하고**

[포희씨가 죽거늘 신농씨가 나와서 나무를 깎아 보습을 만들고 휘어진 나무로 쟁기를 만들어서 쟁기의 이로움으로써 천하를 가르쳤으니 대개 저 익괘(益卦)에서 취하고],

日中爲市**하야** 致天下之民**하며** 聚天下之貨**하야** 交易而退**하야** 各得其所**케하니** 蓋取諸噬嗑**하고**

[날(日) 중에 장날을 만들어 천하의 백성을 이르게 하며 천하의 재물을 모아서 교역을 하고 물러가 각각 필요한 것을 얻게 하였으니 대개 저 서합괘(噬嗑)에서 취하고],

神農氏沒**커늘** 黃帝堯舜氏作**하야** 通其變**하야** 使民不倦**하며** 神而化之**하야** 使民宜之**하니** 易**이** 窮則變**하고** 變則通**하고** 通則久**라** 是以自天祐之**하야** 吉无不利**니** 黃帝堯舜**이** 垂衣裳而天下治**하니** 蓋取諸乾坤**하고**

[신농씨 죽거늘 황제, 요, 순씨가 나와서 사물이 변화하도록 통하게 해서 백성을 부리되 게으르거나 고달프지 않게 하며, 신묘하게 교화해서 백성을 부리되 알맞게 하니,
易이 궁한즉 변하고 변한즉 통하고 통한즉 오래가는지라 이로써 하늘로부터 도와서 길하고 이롭지 않음이 없었으니, 黃帝 堯

舜이 저고리와 치마(衣裳)을 드리우는 것으로서 천하를 다스렸으니 대개 건곤괘(乾坤)에서 취하고],

**刳**木爲舟**하고** 剡木爲楫**하야** 舟楫之利**로** 以濟不通**하야** 致遠以利天下**하니** 蓋取諸渙**하고**

[속을 판 나무로 배를 만들고 날카로운 나무로 노를 만들어 배와 노의 이로움으로써 가지 못하던 데를 건너게 하여 먼 데에 이르러 천하를 이롭게 하였으니 대개 저 환(渙)괘로서 취하고],

服牛乘馬**하야** 引重致遠**하야** 以利天下**하니** 蓋取諸隨**하고**

[소를 길들이고 말을 타서 (수레를 끌게 하여) 무거운 것을 끌고 먼 곳에 이르게 함으로써 천하를 이롭게 하였으니 대개 저 수괘(隨卦)에서 취하고],

重門擊柝**하야** 以待暴客**하니** 蓋取諸豫**하고**

[문을 겹치고 딱따기를 치게 해서 도적을 대비케 하였으니 대개 저 예(豫)괘에서 취하고],

斷木爲杵**하고** 掘地爲臼**하야** 臼杵之利**로** 萬民**이** 以濟**하니** 蓋取諸小過**하고**

[나무를 끊어서 절굿공이를 만들고 땅을 파서 절구를 만들어 절구와 공이의 이로움으로 만민의 소기의 목적을 이루게 하였으

니 대개 저 소과(小過)괘에서 취하고],

　弦木爲弧**하고** 剡木爲矢**하야** 弧矢之利**로** 以威天下**하니** 蓋取
諸睽**하고**

　[나무를 휘어 활을 만들고 나무를 깎아서 화살을 만들어 활과
화살의 날카로움으로써 천하에 위엄을 보이니 대개 저 규(睽)괘
에서 취하고],

　上古**엔** 穴居而野處**러니** 後世聖人**이** 易之以宮室**하야** 上棟下
宇**하야** 以待風雨**하니** 蓋取諸大壯**하고**

　[상고에는 움집에서 거하고 들에 살더니 후세의 성인이 집으로서
바뀌게 하였으니 대들보를 위로하고 그 아래에 거처하는 집을 만들
어서 바람과 비를 막게 하였으니 대개 저 대장(大壯)괘에서 취하고],

　古之葬者**는** 厚衣之以薪**하야** 葬之中野**하야** 不封不樹**하며** 喪
期无數**러니** 後世聖人**이** 易之以棺槨**하니** 蓋取諸大過**하고**

　[옛날 장사는 섶나무로서 두텁게 싸서 들 가운데에 장사지내며
봉분을 하지 않고 나무를 심지 않으며 복상의 기간이 한정될 수
없더니 후세에 성인이 관곽으로써 바꾸었으니 대개 저 대과(大過)
괘에서 취하고],

　上古**엔** 結繩而治**러니** 後世聖人**이** 易之以書契**하야** 百官**이**
以治**하며** 萬民**이** 以察**하니** 蓋取諸夬**니라**

[상고에는 노끈을 맺어서 다스리더니 후세에 성인이 글로써 바꾸어 백관이 이로써 다스리며 만민이 살필 수 있게 하였으니 대개 저 쾌(夬)괘에서 취하니라].


**聖人이 有以見天下之動하야 而觀其會通하야 以行其典禮하며 繫辭焉하야 以斷其吉凶이라 是故謂之爻니**


[성인이 천하의 움직임을 봄에 있어서 그 모이고 통함을 관찰해서 그 전례를 행하며, 말을 붙여서 그 길흉을 판단하였는지라 이러므로 爻라고 하니라].


**鳴鶴이 在陰이어늘 其子和之로다 我有好爵하야 吾與爾靡之라하니 子曰 君子居其室하야 出其言에 善이면 則千里之外應之하나니 況其邇者乎여 居其室하야 出其言에 不善이면 則千里之外違之하나니 況其邇者乎여 言出乎身하야 加乎民하며 行發乎邇하야 見乎遠하나니 言行은 君子之樞機니 樞機之發이 榮辱之主也－라 言行은 君子之所以動天地也니 可不愼乎아**


[우는 학이 그늘에 있어 보이지 않거늘 그 새끼가 화답하도다. 우리가 좋은 벼슬자리를 가지고 있어서 내가 너와 더불어 얽혔다 하니, 공자 말씀하시기를 군자가 집에 거해서 그 말을 냄에 착하면 즉 천리 밖에서도 응하나니, 하물며 그 가까운 데에서랴. 그 방에 거해서 말을 함에 착하지 아니하면 즉 천리 밖에서도 어기나니, 하물며 그 가까운 데에서랴. 말이 나에게서 나와 백성에게 주어지며, 행실이 가까운 데서 발하여 먼 데서 나타나나니, 언행은 군자의 지도리니, 지도리가 움직임이 영욕의 주가 된다. 언행은 군자가 이로

써 천지를 움직이는 바니 가히 삼가야 하지 않겠느냐.]


同人이 先號咷而後笑**라하니** 子曰 君子之道 或出或處或
語이나 二人이 同心**하니** 其利斷金**이로다** 同心之言이 其臭如蘭
**이로다**


[사람과 함께 함이 먼저는 부르짖어 울고 뒤에는 웃는다 하니,
공자 말씀하시기를 군자의 도가 혹 나가고 혹 처하고 혹 침묵하
고 혹 말하나, 두 사람이 마음을 같이하니 그 날카로움이 쇠를 끊
도다. 두 사람이 한마음으로 하는 말은 그 향기가 난초와 같도다].


初六藉用白茅**이니** 无咎**라하니** 子曰 苟錯諸地**라도** 而可矣어
**늘** 藉之用茅**하니** 何咎之有**리오** 愼之至也**라** 夫茅之爲物이 薄
而用**은** 可重也**이니** 愼斯術也**하야** 以往**이면** 其无所失矣**리라**


[초육은 깔 자리를 흰 띠(茅)로서 쓰니 허물이 없다하니, 공자
말씀하시기를 그냥 땅에 놓더라도 되거늘 깔 자리를 따로 하니
무슨 허물이 있으리오, 지극히 삼감이라. 흰 띠란 사물은 하찮은
것이나 쓰임에는 소중히 여기니 이 방법으로 삼가서 행하면 잘못
되는 바가 없으리라].


勞謙**이니** 君子有終**이니** 吉**이라하니** 子曰 勞而不伐**하며** 有功
而不德이 厚之至也**이니** 語以其功下人者也**이라** 德言盛**이요** 禮
言恭**이니** 謙也者**는** 致恭**하야** 以存其位者也**이니라**


[수고로운 일을 하고도 겸손한 태도를 가지니 군자가 마침이

있음이니(終을 둠이니) 길하다 하니, 공자 말씀하시기를 수고로워
도 자랑하지 아니하며, 공이 있어도 덕으로 여기지 않는 것은 지
극히 후덕한 것이니, 공이 있으면서도 남의 아래에 낮춤을 말함
이라. 덕은 성대해야 하고 예는 공손해야 하나니 겸손하다 하는
것은 공손하게 해서 그 자리를 보존하는 것이다].

亢龍**이니** 有悔**라하니** 子曰 貴而无位**하며** 高而无民**하며** 賢人
**이** 在下位而无輔**이라** 是以動而有悔也**니라**

[올라가기를 지나치게 한 용이니 후회가 있다 하니, 공자 말씀
하시기를 귀하여도 자리가 없으며, 높아도 백성이 없으며, 어진
사람이 하위에 있어도 도움이 없는 격인지라 이러므로 써 움직이
어서 후회가 있느니라].

不出戶庭**이면** 无咎**라하니** 子曰 亂之所生也 則言語以爲階**니**
君不密則失臣**하며** 臣不密則失身**하며** 幾事不密則害成**하나니** 是
以君子 愼密而不出也**하나니라**

[문뜰을 나가지 아니하면 허물이 없다하니, 공자 말씀하시기를
혼란이 일어나는 것은 곧 말이 사다리가 되는 것이니 임금이 모든
생각을 면밀히 하지 아니하면 신하를 잃으며, 신하가 주밀히 하지
않으면 자신을 잃으며, 일을 살피는 데 주밀히 하지 아니하면 해
가 되나니, 이로써 군자가 삼가하고 주밀해서 나가지 아니하니라].

子曰 作易者其知盜乎**인겨** 易曰 負且乘**이라** 致寇至**라하니**
負也者**는** 小人之事也**오** 乘也者**는** 君子之器也**니** 小人而乘君

子之器**라** 盜思奪之矣**며** 上**을** 慢**코** 下**를** 暴**이라** 盜思伐之矣**니** 慢藏**이** 誨盜**며** 冶容**이** 誨淫**이니** 易曰 負且乘致寇至**라하니** 盜之招也**라**

[공자 말씀하시기를 易을 지은이는 그 도적을 알음인져. 易에 말하기를 지고(負) 또 타는지라(乘) 도적이 이르게 되나니, 지는 것은 소인의 일이요 타는 것은 군자의 도량이니, 소인이 군자의 기물을 탄지라 도적이 빼앗을 것을 생각하며, 위에 만홀(漫忽)히 하고 아래에 사납게 구는지라 도적이 칠 것을 생각하니, 태만히 간수하는 것이 도적을 가르치는 것이며, 얼굴을 단장하는 것이 음탕함을 가르치는 것이니 易에 말하기를, 지고 타는지라 도적이 이르게 된다 하니 도적을 부름이라].

## 第四章

### 第一節

天一 地二 天三 地四 天五
地六 天七 地八 天九 地十**이니**
天數五**요** 地數五**니**
五位相得**하며** 而各有合**하니**
天數 二十有五**요** 地數 三十**이라**
凡天地之數 五十有五**니**
此所以成變化**하며** 而行鬼神也**라**

[天의 수 一, 地의 수 二, 天의 수 三, 地의 수 四, 天의 수 五, 地의 수 六, 天의 수 七, 地의 수 八, 天의 수 九, 地의 수 十이니,

하늘의 수가 다섯이요 땅의 수가 다섯이다. 다섯 자리가 서로 어울리며 각각 합함이 있으니 하늘의 수가 二十五요, 땅의 수가 三十이라.

무릇 천지의 수가 五十五니 이것을 써 변화를 이루며 귀신을 행하게 하는 바라].


參伍以變**하며**

錯綜其數**하야**

通其變**하야** 遂成天地之文**하며**

極其數**하야** 遂定天下之象**하니**

非天下之至變**이면** 其孰能與於此**리오**


[참오로써 변화를 이루고,

그 수를 이리저리 뒤섞어 버무림으로써

그 변화를 통하여 드디어 천지의 현상을 이루며,

그 수를 다해서 드디어 천하의 형상을 정하나니,

천하의 지극한 변(變)이 아니면 그 누구라서 능히 이에 미치리(及)요].


易**은** 无思也**하며** 无爲也**하야**

寂然不動**이라가** 感而遂通天下之故**하나니**

非天下之至神**이면** 其孰能與於此**리오**


[易은 생각함도 없으며 하려고 함도 없어서

고요히 움직이지 아니하다가
어떤 일에 느껴서 드디어 천하의 연고를 통하나니,
천하의 지극히 신묘함이 아니면
그 누구라서 능히 이에 미치리(與及)요].


是以君子 將有爲也**하며** 將有行也**에**
問焉而以言**하거든** 其受命也 如嚮**하야**
无有遠近幽深**히** 遂知來物**하나니**
非天下之至精**이면** 其孰能與於此**리오**


[이러므로 써 군자가 장차 할 일이 있거나 장차 갈 일이 있을
제에 물으려(問卜) 하여 써 말을 하거든,
  그 命을 받음이 메아리가 울리는 것 같아서, 멀고 가까움과 어
둡고 깊숙함에 관계없이 드디어 오는 사물을 알게 되나니, 천하의
지극히 전일한 정신이 아니면 그 누구라서 능히 이에 미치리오].


是故**로** 蓍之德은 圓而神**이요**
卦之德은 方以知**요**
六爻之義**는** 易以貢**이니**
聖人**이** 以此**로** 洗心**하야** 退藏於密**하며**
吉凶**에** 與民同患**하야** 神以知來**코** 知以藏往**하나니**
其孰能與於此哉**리오**
古之聰明叡智神武而不殺者夫**인져**


[이런 연고로 시초의 덕은 둥글면서 신령스럽고,
괘의 덕은 떳떳하면서도 슬기롭고,

육효의 의의는 변화를 통해서 알리나니,

성인이 이로써 마음을 씻어서 물러나 은밀한데 감추며,

길흉에 백성과 더불어 같이 근심하여

신명으로써 올 것을 알며 슬기로써 지나간 일을 갈무리하나니
그 누구라서 능히 이에 미치리오.

다만 옛날의 총명하고 예지가 있고 신명이 강하여 어수선하지
아니하였던 분인겨!]


子曰 知變化之道者 其知神之所爲乎**인져**


[공자 말씀하시기를 변화의 도를 아는 이는 그 신명이 하는 바
를 알 것이다!]


## 第二節


夫易**은** 聖人之所以極深而硏幾也**니**
唯深也故**로** 能通天下之志**하며**
唯幾也故**로** 能成天下之務**하며**
唯神也故**로** 不疾而速**하며** 不行而至**하나니**


[저 易은 성인이 (생각해서 만들 적에) 깊은 이치를 연구하고
살핀 바이니

오직 깊이 연구한 고로 (易에 의하여) 능히 천하의 뜻을 통할
수 있으며,

오직 (움직임의 기미를) 다 살핀 고로 (易에 의하여) 능히 천하
의 일을 이룰 수 있으며,

　오직 신령스러운 고로 달려가지 않아도 빠르며 가지 아니해도 (목적지에) 이르나니],


　是以明於天之道而察於民之故**하야**
　是興神物**하야** 以前民用**하니**
　聖人**이** 以此齋戒**하야** 以神明其德夫**인져**


　[이러므로 하늘의 도를 밝히고 백성의 사정을 살피도록 하기 위하여 神物(蓍草)을 일으켜서 (형상물로 삼아서) 백성이 앞일을 알려는 데 쓰게 하였으니, 성인이 이로써 재계하여 그 덕(행위)을 신명스럽게 하였다].


　是故**로** 天生神物**이어늘** 聖人**이** 則(用)之**하며**
　天地變化**이어늘** 聖人**이** 效之**하며**
　天垂象**하야** 見吉凶**이어늘** 聖人**이** 象之**하며**
　河出圖**하며** 洛出書**이어늘** 聖人**이** 則(用)之**하니**


　[이런고로 하늘이 神物을 내시었거늘 성인이 이를 (神에 의지하여 기구를 만들어) 본받아 썼으며, 천지가 變하고 化하거늘 성인이 본받았으며, 하늘이 때로 상징을 드리워서 吉兆와 凶兆를 나타내 보이거늘 성인이 이를 법 받으며, 河水에서 河圖가 나오고 洛水에서 洛書가 나오거늘 성인이 이를 본받아 쓰니라].


　易有聖人之道 四焉**하니**
　以言者**는** 尙其辭**하고**
　以動者**는** 尙其變**하고**

以制器者**는** 尙其象**하고**
以卜筮者**는** 尙其占**하나니**
子曰 易有聖人之道四焉者 此之謂也**라**


[易에 성인의 도가 넷 있으니,

말을 하려는 자는 그 (언어의) 修辭를 숭상하고,

행동하려 하는 자는 그 (動하되 어떻게) 변하여야 하느냐 함을
숭상하고,

기물을 지으려 하는 자는 그 모형을 숭상하고,

복서를 하는 자는 그 占을 숭상하나니라.

공자 말씀하시기를,

易에 성인의 도가 넷이 있다고 한 것이 이것을 이름이라 하시었다].


## 第三節


子曰 夫易은 何爲者也오
夫易은 開物成務**하나니** 冒天下之道如斯而已者也**라**
是故로 聖人이 以通天下之志**하며** 以定天下之業**하며**
以斷天下之疑**하나니라**


[공자 말씀하시기를, 대저 易은 무엇을 하는 것인가?

저 易은 사물을 열고(開始), 그 사물의 직무를 이루나니 천하
의 도를 빌림(假借)이 이와 같다 할 따름(뿐)인지라.

이런 까닭으로 성인이 易으로써 천하의 사람이 품은 뜻을 통
하며 써 천하의 사업을 정하며 써 천하의 의심을 판별하느니라].

是故로 闔戶를 謂之坤이오
闢戶를 謂之乾이오
一闔一闢을 謂之變이오
往來不窮을 謂之通 이오
見을 乃謂之象이오
形을 乃謂之器오
制而用之를 謂之法이오
利用出入하야 民咸用之를 謂之神이라.


[이런 까닭으로 문을 닫는 것을 坤이라 이르고,
문을 여는 것을 乾이라 이른다.
한 번 닫고 한 번 여는 것을 變이라 이르고, 가고 오는 데 궁
하지 아니한 것을 通이라 하고,
나타난 것을 象이라 이르고, 형체를 器라 이르고,
지어서 쓰는 것을 法이라 이르고,
나고 들 적에 씀(用)을 편리하게 하야 백성이 다 쓰는 것을 神
이라 이른다].


是故로 形而上者를 謂之道오
形而下者를 謂之器오
化而裁之를 謂之變이오
推而行之를 謂之通이오
擧而措之天下之民을 謂之事業이라


[이러므로 형체 너머에 있는 것을 道라 이르고,
형체 아래에 있는 것을 器라 이르고,

화하여 조절하는 것을 變이라 이르고,

미루어 행하게 하는 것을 通이라 이르고,

일(事)을 일으켜 천하의 백성에 베푸는 것을 事業이라 이른다].


化而裁之**는** 存乎變**하고**

推而行之**는** 存乎通**하고**

神而明之**는** 存乎其人**하고**

默而成之**하며** 不言而信**은** 存乎德行**하니라**


[화하여 조절하는 것은 변하는 데 달려있고,

미루어서 행하게 하는 것은 통하는 데 달려있고,

신(재능)으로서 밝히는 것은 그 사람에 달려있고,

조용히 이루고 말없이도 미더운 것은 덕행에 달려있느니라].


是故**로** 法象**이** 莫大乎天地**하고**

變通**이** 莫大乎四時**하고**

縣象著明**이** 莫大乎日月**하고**

崇高 莫大乎富貴**하고**

備物**하며** 致用**하며** 立(象)成器**하야**

以爲天下利 莫大乎聖人**하고**

探賾索隱**하며** 鉤深致遠**하야**

以定天下之吉凶**하며**

成天下之亹亹者 莫大乎蓍龜**하니라**


[이러므로 본뜬 象이 천지보다 더 큰 것이 없고,

변하여 통하는 것이 四時보다 더 큰 것이 없고,

형상을 드러내 밝음을 나타내는 것이 일월보다 더 큰 것이 없고,

숭고하기가 부귀보다 더 큰 것이 없고,

물건을 갖추어서 쓰도록 하며 象을 세워 기물을 만들어 천하를 이롭게 함이 성인보다 더 큰 것이 없고,

깊은 이치를 탐구하고 (혹은 난잡한 것을 더듬고) 은미한 것을 찾으며 깊이 있는 것을 낚고 원대한 데까지 이르러서 써 천하의 길흉을 정하며 천하에 그윽하면서 아름다움을 이루는 것은 시구(蓍龜)보다 더 큰 것이 없느니라].


## 第五章

### 第一節

大衍之數五十**이니** 其用**은** 四十有九**이라**
分而爲二**하야** 以象兩**하고**
掛一**하야** 以象三**하고**
揲之以四**하야** 以象四時**하고**
歸奇於扐**하야** 以象閏**하나니**
五歲**에** 再閏**이라** 故**로** 再扐而後**에** 掛**하나니라**

[대연의 수가 오십이니 그 쓰는 것은 四十九인지라
둘로 나누어 양의를 본뜨고(모양으로 하고),
하나를 손가락 사이에 걸어서 셋(삼재)을 본뜨고,
넷씩 세어서 사시의 모양으로 하고,
나머지를 손가락 사이에 끼워서 윤달의 모양으로 하나니,

오 년에 윤달이 두 번 드는지라 그러므로 다시 끼운 후에 거느니라].


乾之策이 二百一十有六이오 坤之策이 百四十有四라
凡三百有六十이니 當期之日하고
二篇之策이 萬有一千五百二十이니 當萬物之數也라
是故로 四營而成易하고 十有八變而成卦하니
八卦而小成하야 引而伸之하며 觸類而長之하면
天下之能事畢矣라


[건의 책 수가 二百十六이오 곤의 책 수가 百四十四이라
무릇 三百六十이니 一 년의 날수에 해당하고,
두 편의 책(策) 수가 一만一천五百二十이니 만물의 수에 해당한지라
이런 까닭에 네 번씩 운영해서 易을 이루고 열여덟 번 변해서 卦를 이루니
팔괘는 소성(小成)괘이니 이를 이끌어 펴서, 류(類)를 더듬어 펴나가면 천하의 맡은 바 일(任務)을 다 마치리라].


第二節


顯道하고 神德行이라
是故로 可與酬酢이며 可與祐神矣니라


[도에 밝고 덕행을 신묘하게 하는지라
이러므로 가히(신과)더불어 응대할 수 있으며 신을 도울 수 있느니라].

易曰 自天祐之**라** 吉无不利**라하니**
子曰 祐者**는** 助也**니** 天之所助者順也**오**
人之所助者信也**니** 履信思乎順**하고** 又以尙賢也**라**
是以**로** 自天祐之吉无不利也**니라**


[易에 말하기를, 하늘로부터 돕는지라 길하여 이롭지 않음이 없다하니,

공자 말씀하시기를, 우(祐)는 돕는 것이니 하늘은 순리를 따르는 자를 돕고, 사람은 미더운 이를 도우니, 미더움을 실천하며 순리를 생각하고 또 더 어질게 할 것을 숭상하는지라,

이러므로 하늘로부터 도와서 길하여 이롭지 않음이 없느니라].

## 第三節

子曰 書不盡言**하며** 言不盡意**니**
然則聖人之意**를** 其不可見乎**아**
子曰 聖人**이** 立象**하야** 以盡意**하며**
設卦**하야** 以盡情僞**하며**
繫辭焉**하야** 以盡其言**하며**
變而通之**하야** 以盡利**하며**
鼓之舞之**하야** 以盡神**하니라**


[공자 말씀하시기를 글로서는 말을 다하지 못하며 말로서는 뜻을 다 표현하지 못하니 그런즉 성인의 뜻은 가히 볼 수 없는 것인가?

공자 말씀하시기를 성인이 象을 세워서 뜻을 다하며,

卦를 펴서 참 모습과 거짓을 다하며
말씀(辭)을 매어서 그 말(言)을 다하며
변하고 통하게 하여서 이로움을 다하게 하며
고무시켜서 신명(신묘한 작용)을 다하도록 하니라].

# 繫辭下傳

## 第一章

### 第一節

乾坤은 其易之縕耶**인져**
乾坤이 成列而易**이**立乎其中矣**니**
乾坤이 毁則无以見易**이요**
易**을** 不可見則 乾坤이 或幾乎息矣**리라**

[乾과 坤은 그 易의 본원을 깊이 쌓아둔 것(縕)이다.
건곤이 배열됨에 역이 그 가운데에 서니,
건곤이 허물어지면 역을 볼 수 없고 역을 보지 못하면
건곤의 작용도 거의 그치게 되리라].

八卦成列**하니** 象在其中矣**요**
因而重之**하니** 爻在其中矣**요**

[팔괘가 열을 이루니 象이 그 가운데에 있고,
이를 바탕으로 거듭하니 爻가 그 가운데 있다].

## 第二節

剛柔相推하니  變在其中矣요
繫辭焉而命之하니  動在其中矣요
吉凶悔吝者는  生乎動者也라


[굳셈(剛)과  부드러움(柔)이  서로  바뀌면(옮기면)  변(變)이  그  가운데  있다.
   말씀(글)을  달아서 (역의 의의를)  일러  보이니  움직임이  그  가운데  있다.
   길함과  흉함과  후회와  궁색함은  동하는  데에서  생긴다].


## 第三節

剛柔者는 立本者也오 變通者는 趣時者也라


[굳셈과  부드러움(剛柔)이란  근본을  이루는  것이요,
   변하여  통하는  것(變通)은  적절히  때를  맞추는  것이다].


吉凶者는 貞勝者也니
天地之道는 貞觀者也오 日月之道는 貞明者也오
天下之動은 貞夫一者也라


[길흉이라  한  것은  행위(行)에  해당(當)한  것이다.
   천지의  도는  살펴보는  데  해당(當)한  것이요,
   해와  달의  도는  밝히는  데  해당(當)한  것이요

　천하의 움직임은 그(변동) 하나하나가 한결같은 데(정성스러이 하는 데) 해당(當)한 것이다].


天地之大德曰生**이요** 聖人之大寶曰位**니**
何以守位**오** 曰仁**이요** 何以聚人**코** 曰財**니**
理財**하며** 正辭**하며** 禁民爲非曰義**라**


[천지의 큰 덕은 일러 가로되 낳아서 살게 함(生)이요
성인의 큰 보배는 일러 가로되 지위(位)이니,
어떤 생각으로써 자리를 지킬 것인고. 일러 가로되 사랑(仁)이요
무엇으로써 사람을 모을 것인고. 일러 가로되 재물이니 재물을 다스리며,
　말을 바르게 하며, 백성의 잘못함을 금하는 것은 일러 가로되 의(義)이니라(옳은 도리이니라)].

## 第二章

### 第一節

夫乾**은** 確然**하니** 示人易矣**오**
夫坤**은** 隤然**하니** 示人簡矣**니**


[저 乾은 강건하니 사람에게 쉬움으로 보여주고,
저 坤은 유순하니 사람에게 간략함(또는 정성)으로 보여준다].

爻也者**는** 效此者也**오** 象也者**는** 像此者也**라**
是故**로** 易者**는** 象也**니** 象也者**는** 像也**니라**

[爻란것은 이것(易簡)을 본받는 것이고, 상이란 것은
이것(剛柔)을 형상화한 것이다.
그러므로 역은 상(象)이며, 상이란 형상(像)이다].

### 第二節

彖者**는** 材也**오** 爻也者**는** 效天下之動者也**니**
是故**로** 吉凶**이** 生而悔吝**이** 著也**니라**

[彖은 재덕(才德)을 말함이요,
爻라는 것은 천하의 움직임을 본받는 것이니,
이러므로 길흉이 따라 생기고 후회와 근심이 드러난다].

### 第三節

爻象**은** 動乎內**하고** 吉凶**은** 見乎外**하고**
功業**은** 見乎變**하고** 聖人之情**은** 見乎辭**하니라**

[爻와 象은 易理(卦)안에서 나오고,
길흉은 밖에서 나타나고,
공업은 변(變)에서 나타나고,
성인의 정은 말씀에 나타내 보이느니라].

易曰 憧憧往來**면** 朋從爾思**라하니**

子曰 天下何思何慮**리오** 天下同歸而殊塗**하며**

一致而百慮**니** 天下何思何慮**리오**

[易에 말하기를,

뜻을 정하지 못하고 가고 오면

너의 벗만 네 생각을 따른다 하니,

공자 말씀하시기를,

천하가 무엇을 생각하고 무엇을 염려하리오!

천하가 돌아가는 곳은 같아도 길은 다르며

이르는 것은 하나이지만 생각은 백 가지이니

천하가 무엇을 생각하고 무엇을 염려하리오!]

日往則月來**하고** 月往則日來**하야**

日月**이** 相推而明生焉**하며** 寒往則暑來**하고**

暑往則寒來**하야** 寒暑相推而歲成焉**하니**

往者**는** 屈也**오** 來者**는** 信也**니** 屈信相感而利生焉**하나니라**

[해가 가면 달이 오고 달이 가면 해가 오니

해와 달이 서로 밀어서 밝아지며,

추위가 가면 더위가 오고 더위가 가면 추위가 와서

추위 더위가 서로 바뀌어 한 해를 이루니,

가는 것은 굽힘이요 오는 것은 폄이니

굽히고 폄이 서로 교감해서 이로움이 생긴다].

尺蠖之屈**은** 以求信也**오** 龍蛇之蟄**은** 以存身也**오**
精義入神**은** 以致用也**오** 利用安身**은** 以崇德也**니**
過此以往**은** 未之或知也**이어니와** 窮神知化**는** 德之盛也**라**


[자벌레가 굽히는 것은 펴기 위한 것이요,

용이 될 뱀이 (그 자체를) 움츠러뜨림은 몸을 보존하려 함이요,

이치를 정미롭게 하여 신묘함(心神)을 받아들임은 쓰임에 당하고저 함이요,

쓰임새를 이롭게 하야 몸을 편안히 함은 덕을 숭상함으로 써니, 이에 밝힌 의의를 넘어 써 往함(행동에 옮김)은 혹 알 수 없거니와 신을 궁구하여 변화하는 것을 아는 것은 덕의 성함이라].


易曰 困于石**하며** 據于蒺藜**라** 入于其宮**이라도** 不見其妻**니** 凶**이라하니**

子曰 非所困而困焉**하니** 名必辱**하고** 非所據而據焉**이라** 身必危**하리니** 旣辱且危**하야** 死期將至**어니** 妻其可得見耶**아**


[易에 말하기를, 돌에 걸려 곤궁하며 가시덤불에 의지한지라, 그 집에 들어가더라도 그 아내를 보지 못하니 흉하다 하니,

공자 말씀하시기를, 곤궁할 바가 아닌데 곤궁하면 이름이 반드시 더럽혀지고 의거할 바가 아닌데 의거하면 몸이 위태로워지리니,

이미 더럽혀지고 또 위태함으로써 죽을 시기가 장차 이르게 되리니, 아내를 가히 얻어볼 수 있으랴].


易曰 公用射隼于高墉之上**하야** 獲之**니** 无不利**라하니**

子曰 隼者**는** 禽也**오** 弓矢者**는** 器也**오** 射之者**는** 人也**니** 君

子藏器於身**하야** 待時而動**이면** 何不利之有**리오** 動而不括**이라**
是以出而有獲**하나니** 語成器而動者也**라**


[易에 말하기를,

公이 높은 담 위에 새매를 쏴서 잡으니 이롭지 않음이 없다 하니,

공자 말씀하시기를, 준(隼)은 새요 활과 화살은 도구요 쏘는
것은 사람이니,

군자가 도구를 몸에 감추어서 때를 기다려 움직이면

어찌 이롭지 않음이 있으리오.

움직임에 막히지 않음이라 이러므로 써 나가서 잡을 수 있나
니 이는 도구와 시세의 여건을 만든 뒤에 움직임을 말함이라].


子曰 小人**은** 不恥不仁**하며** 不畏不義**라**

不見利**면** 不勸**하며** 不威**면** 不懲**하나니**

小懲而大誡 此小人之福也**라**

易曰 屨校**하야** 滅趾**니** 无咎**라하니** 此之謂也**라**


[공자 말씀하시기를,

소인은 어질지 못함을 부끄러워하지 아니하며,

의롭지 못함을 두려워하지 않는지라. 이롭지 않으면 힘쓰지 않
고 위엄스럽지 않으면 무서워하지 않나니,

조금 징계해서 크게 경계시킴이 소인의 복이 되는지라.

易에 말하기를,

형틀을 신겨서 발꿈치를 묶어두니 허물이 없다하니, 이를 이름
이라.]

善不積**이면** 不足以成名**이오** 惡不積**이면** 不足以滅身**이니** 小
人**이** 以小善**으로** 爲无益而弗爲也**하며**

以小惡**으로** 爲无傷而弗去也**라**

故**로** 惡積而不可掩**이며** 罪大而不可解**니**

易曰 何校**하야** 滅耳**니** 凶**이라하니라**


[선을 쌓지 않으면 아름다운 이름을 이루지 못하고

악을 쌓지 않으면 몸을 해치지 않을 것이니,

소인이 조금 착한 것은 별로 이익이 될 것이 없다 하여 하지 아니
하며 조금 악한 것은 상함이 없다 하여 버리지 않는지라. 그러므로
악이 쌓여서 가리지 못하며 죄가 커져서 가히 풀지 못하게 되나니,

易에 말하기를,

형틀을 매워서 귀를 듣지 못하도록 가린다하니 흉하다 하니라].


子曰 危者**는** 安其位者也**오** 亡者**는** 保其存者也**오**

亂者**는** 有其治者也**니**

是故**로** 君子安而不忘危**하며** 存而不忘亡**하며** 治而不忘亂**이**
**라** 是以身安而國家**를** 可保也**니**

易曰其亡其亡**이라야** 繫于苞桑**이라하니라**


[공자 말씀하시기를,

위태롭게 여기는 것은 그 자리를 편안하게 하려는 것이요,

망할까 염려하는 것은 있는 것을 보존하려는 것이요,

어지러울까 여기는 것은 그 다스림을 보하려는 것이다.

이런 까닭에 군자는 편안해도 위태함을 잊지 않으며

안존하여도 망함을 잊지 아니하며 다스려져도 어지러움을 잊지

아니하니라.

　이로써 몸이 편안하고 나라를 보존할 수 있으니,

　易에 말하기를,

　그 망할까 망할까 하여야 더부룩한 뽕나무에 떨기 나듯이 성
(盛)한다 하니라].


　子曰 德薄而位尊**하며** 知小而謀大**하며** 力小而任重**하면** 鮮不
及矣**나니**

　易曰 鼎이 折足**하야** 覆公餗**하니** 其形이 渥이라 凶**이라하니**
言不勝其任也**라**


　[공자 말씀하시기를,

　덕이 박한데 자리는 높으며,

　아는 것은 적은데 큰일을 도모하며

　힘은 적은데 책임이 무거우면

　잘 하는데 미치지 못하리니,

　易에 말하기를,

　솥이 발이 부러져 공의 곰국을 뒤집어엎으니 그 모양(형)이 어
색한지라 흉하다 하니, 그 책임을 이기지 못함을 일러 말함이라].


　子曰 知幾其神乎**인져** 君子上交不諂**하며** 下交不瀆**하나니**

　其知幾乎**인져** 幾者**는** 動之微**니** 吉之先見者也**라**

　君子見幾而作**하야** 不俟終日**이니**

　易曰 介于石**이라** 不終日**이니** 貞코 吉**타하니**

　介如石焉**커니** 寧用終日**이리오** 斷可識矣**로다**

　君子知微知彰知柔知剛**하나니** 萬夫之望**이라**

[공자 말씀하시기를,

기미를 아는 것이 그 신기한져.

군자가 윗사람과 사귀되 아첨하지 않으며 아랫사람을 사귀되
함부로 하지 아니하나니,

그 기미를 알음인져! 기미는 움직임이 은미한 것이니, 길한 것
이 먼저 나타나 보이는 것이라.

군자가 기미를 보고 일어남으로서 종일토록 기다리지 않나니,


易에 말하기를,

그 절개가 돌같이 굳은지라 하루 날을 마치지 아니하니

바르고 길하다 하니, 그 절개가 돌같이 굳거니 어찌 날이 마치
도록 마음을 쓰리오. 가히 알아서 결단하도다.

군자가 은미할 줄도 알고 드러낼 줄도 알고 부드러울 줄도 알
고 강한 줄도 아나니 수많은 사람의 바램이라].


子曰 顔氏之子其殆庶幾乎**인져**

有不善**이면** 未嘗不知**하며** 知之**면** 未嘗復行也**하나니**

易曰 不遠復**이라** 无祗悔**니** 元吉**이라하니라**


[공자 말씀하시기를,

안씨의 아들이 거의 이에 가까울진져.

착하지 않음이 있으면 일찍이 알지 못함이 없으며,

알면 다시 행하지 아니하나니,

易에 말하기를,

머지않아 회복하는지라, 이에 후회함이 없으니 크게 길하다 하니라].

天地 絪縕**에** 萬物**이** 化醇**하고**
男女 構精**에** 萬物**이** 化生**하나니**
易曰 三人行**엔** 則損一人**코**
一人行**엔** 則得其友**라하니** 言致一也**라**


[천지가 기운을 뭉침에 만물이 화하여 성숙해지고
남녀가 정기를 합침에 만물이 화하여 생하나니,
易에 말하기를,
세 사람이 가는 데는 곧 한 사람을 덜고
한 사람이 가면 곧 그 벗을 얻는다 하니
순일한 데(같은 데) 이름을 말함이라].


子曰 君子 安其身而後**에아** 動**하며** 易其心而後**에아** 語**하며** 定
其交而後**에아** 求**하나니**
　君子 修此三者**라** 故**로** 全也**하나니** 危而動**하면** 則民不興也**코**
懼以語**하면** 則民不應也**코** 无交而求**하면** 則民不與也**하나니** 莫
之與**하면** 則傷之者至矣**하나니** 易曰 莫益之**라** 或擊之**리니** 立
心勿恒**이니** 凶**이라하니라**


[공자 말씀하시기를,
군자가 자신의 몸을 편안히 한 뒤에야 움직이며
자신의 마음을 평안히 다스린 뒤에야 말하며
그 사귐을 정한 뒤에야 구하나니,
군자가 이 세 가지를 닦으므로 온전하게 되나니
위태로운 상황에서 움직이면 곧 백성이 일어나지 아니하고, 두
려워하면서 말하면 백성이 응하지 아니하고, 사귐이 없이 구하면

백성이 함께하지 아니하고, 함께하지 아니하면 곧 해치는 자가
이르나니

易에 말하기를,

이익할 리 없는지라 혹 치리니 마음을 가지되 항상 급한 모양
으로 하니 흉하다 하니라].


## 第三章

### 第一節


子曰 乾坤은 其易之門耶**인져**

乾은 陽物也**오** 坤은 陰物也**니**

陰陽**이** 合德**하야** 而剛柔有體**라**

以體天地之撰**하며** 以通神明之德**하니라**


[공자 말씀하시기를,

건(乾)곤(坤)은 역(易)의 문인져.

건은 양을 대표하는 것(陽物)이요,

곤은 음을 대표하는 것(陰物)이니,

음과 양이 그 기질(德)을 합해서 굳셈과 부드러움이

형체를 갖게 되는지라.

이로써 하늘과 땅의 일을 본받으며

이로써 신명의 덕을 통한다].

陽卦는 多陰**하고** 陰卦는 多陽**하니**

其故**는** 何也**오** 陽卦**는** 奇**오** 陰卦**는** 耦**일새라**

其德行**은** 何也**오** 陽**은** 一君而二民**이니** 君子之道也**오** 陰**은**
二君而一民**이니** 小人之道也**라**

其稱名也 雜而不越**하나** 於稽其類**앤** 其衰世之意耶**인져**


[양괘는 음이 많고 음괘는 양이 많으니 그 연고는 어찌됨인가.
양괘는 홀수이고 음괘는 짝수이기 때문이라.

그 덕행은 어떠한가.

양괘는 임금이 하나이고 백성이 둘로서 되었으니 군자의 도이요,
음괘는 두 임금에 하나의 백성으로서 되었으니 소인의 도이다.

그 일컬어지는 이름들이 잡다해도 그(괘 효의 의의)를 벗어나
지 않고, 그 내용(종류)을 살펴보면 그 쇠퇴하는 시대를 비겨서
쓴 글이다].


## 第二節

夫易**은** 彰往而察來**하며** 而微顯闡幽**하나니** 開而當名**이어든** 辨
物**과** 正言**과** 斷辭**가** 則備矣**니라**


[대저 易은 지나간 것을 밝히고 오는 것을 살피며
은미한 일을 드러내고 그윽한 이치를 열며,
(괘·효를) 풀어서 이름에 맞게 하거든, 사물을 분별함과 말을
바로 함과 괘효사로 판단하는 것이 곧 갖춰지리라].

其稱名也 小**하나** 其取類也 大**하며** 其旨 遠**하나**
其辭 文**하며** 其言**이** 曲而中**하며** 其事 肆而隱**하니** 因貳**하야**
以濟民行**하야** 以明失得之報**니라**

[그 부르는 이름은 작으나 그 견주어 취하는 것은 크며,
그 뜻이 심원하나 그 글이 아름다우며(현상적이며),
그 말이 굽은 듯하지만 (사리에) 맞고,
그 일은 펴놓았으되 (함의는) 숨겨져 있으니
두 가지로 말미암아 백성의 행을 건네며
득실에 따른 결과를 밝히느니라].

### 第三節

易之興也 其於中古乎**인져** 作易者 其有憂患乎**인져**
是故**로** 履**는** 德之基也**오** 謙**은** 德之柄也**오**
復**은** 德之本也**오** 恒**은** 德之固也**오** 損**은** 德之修也**오** 益**은** 德
之裕也**오** 困**은** 德之辨也**오** 井**은** 德之地也**오** 巽**은** 德之制也**라**

[易이 일어난 것은 중고의 시대인져.
역을 지은 것은 우환에 있음인져.
이런고로, 이(履)는 덕의 기초이고, 겸(謙)은 덕의 지모(持貌)요.
복(復)은 덕의 근본이고, 항(恒)은 덕의 고수(固守)요.
손(損)은 덕의 닦음이고, 익(益)은 덕의 넉넉함이다.
곤(困)은 덕을 변별함이고, 정(井)은 덕의 바탕이며,
손(巽)은 덕을 짓는 제도이다].

履는 和而至**하고** 謙은 尊而光**하고** 復은 小而辨於物**하고**
恒은 雜而不厭**하고** 損은 先難而後易**하고** 益은 長裕而不設**하고**
困은 窮而通**하고** 井은 居其所而遷**하고** 巽은 稱而隱**하니라**


[이(履)는 화순하면서도 지극한 데 이르러야 하고,
겸(謙)은 높으면서 빛이 나고,
복(復)은 작되 사물과에 변별하고,
항(恒)은 착잡하여도 염증내지 아니하는 것이고,
손(損)은 먼저는 어렵되 나중은 쉽고,
익(益)은 오래도록 여유가 있으되 무언가 꾸미지 않고,
곤(困)은 궁한 데 가서 통하고,
정(井)은 제자리에 있되 옮겨지고,
손(巽)은 사람으로서 명성이 들려오되 그 몸을 은거에 처하는
것이다].


履以和行**코** 謙以制禮**코** 復以自知**코** 恒以一德**코** 損以遠害**코**
益以興利**코** 困以寡怨**코** 井以辨義**코** 巽以行權**하나니라**


[이(履)로써 행을 화순이 하고, 겸(謙)으로써 예를 마름질한다.
복(復)으로써 자신을 깨닫고, 항(恒)으로써 덕을 한결같이 한다.
손(損)으로써 해로움을 멀리하고, 익(益)으로써 이로움을 일으
킨다. 곤(困)으로써 원망을 줄이고, 정(井)으로써 의(義)를 변별
하고, 손(巽)으로써 권도(權道)를 행한다].

## 第四章

### 第一節

夫乾은 天下之至健也니 德行이 恒易以知險**하고**
夫坤은 天下之至順也니 德行이 恒簡以知阻**하나니라**


[대저 건(乾)은 천하의 가장 강건한 것이니
그 덕행은 항상 쉬이 함(易)으로써 험할 것을 알고,
곤(坤)은 천하의 가장 유순한 것이니
그 덕행은 항상 간요(簡要)히 정성껏 함으로써
막힐 것을 아느니라].

### 第二節

{曰夫易은 變化無常矣**라** 唯賢人**이어야** 以身體之**하야** 而能
行其道**하나니** 是以**로** 文王**이**}
能說諸心**하며** 能研諸候之慮**하야**
定天下之吉凶**하며** 成天下之亹亹者**니**
是故**로** 變化云爲**에** 吉事有祥**이라**


象事**하야** 知器**하며** 占事**하야** 知來**하나니**
天地設位**에** 聖人이 成能**하니** 人謀鬼謀**에** 百姓이 與能**하나니라**


[{가로되 저 易은 변화무상한지라 오직 현인만이어야 스스로
그것을 체득하야 그 道를 능히 행할 수 있으니, 이러므로 문왕이}

능히 모든 이의 마음을 기쁘게 하며
능히 모든 제후들의 생각을 연구하야
천하의 길흉을 정하며
천하를 아름답도록 힘쓰시니
이러므로 변화로서 이루어짐을 이름(云謂)에
吉한 일에는 상서로움이 있는지라

일(事)을 잘 보아서(象하야) 그 재량(才量)을
알며, 일을 占하여 미래를 아는 것이라.
하늘과 땅이 자리를 벌리며 베풀음에
성인으로서는 능함을 이루니
사람들의 도모와 귀신의 도모에 백성으로서도
그 능함에 참여하느니라].

## 第三節

易之興也 其當殷之末世 周之盛德耶**인져**
當文王與紂之事耶**인져**
是故**로** 其辭危**하야** 危者**를** 使平**하고**
易者**를** 使傾**하니**
其道甚大**하야** 百物**을** 不廢**하니**
懼以終始**면** 其要无咎**리니**
此之謂易之道也**라**

[易이 흥한 것은 은나라 말기에
주나라의 덕이 성하던 때에 해당한져.

문왕과 주(紂)왕 당시의 일인져.

그러므로 그 말이 위험하다 한 것이다.

위험을 느낀 사람들은 세상을 평화롭게 만들었고

안이했던 사람들은 세상을 기울게 만들었다.

그 道가 심히 크므로 하야 온갖 일을 폐기하지 않은 것이다.
조심조심해서 끝낼 것은 끝내고 새롭게 시작할 것을 시작하면 그
욕구(欲求)에 허물이 없으리니

이것을 일러 易의 道라고 하나니라].


## 第五章


### 第一節


易之爲書也  廣大悉備**하야**

有天道焉**하며**  有人道焉**하며**  有地道焉**하니**  兼三才而兩之**라**
故**로** 六**이니** 六者**는** 非他也**라** 三才之道也**니**


[易의 글됨이 광대하여 (우주의) 모든 문제들을 그 속에

전부 내포하고 있는 것이다.

하늘의 道가 있으며, 사람의 道가 있으며,

땅의 道가 있으니 이 삼재를 겸하야 두 번을 겹한지라,

그리해서 여섯인데 여섯이란 다른 것이 아니라 삼재의 道이다].


道有變動**이라** 故曰 爻**오**  爻有等**이라** 故曰 物**이오**
物相雜**이라** 故曰 文**이오**

**文不當이라 故로 吉凶이 生焉하니라**

[도에는 변동이 있다. 그래서 말하기를 爻라 한다.
爻에는 등계(等階)가 있다. 그래서 말하기를 物이라 한다.
物은 서로 섞여 복잡해진다. 그래서 말하기를
무니(文)라 한다. 문(文)에는 마땅한 것도 있고 마땅하지 않은
것도 있기 때문에 길흉이 생겨난다].

**第二節**

**易之爲書也 原始要終하야 以爲質也코**
**六爻相雜은 唯其時物也라**
**其初는 難知오 其上은 易知니 本末也라**
**初辭擬之하고 卒成之終하니라**
**若夫雜物과 撰德과 辨是與非는 則非其中爻면 不備하리라.**

[易의 글 됨이,
사단(事端)을 본원(本原)으로 하야 그 종말을 살피는 것으로써
그 본질을 삼고,
六爻가 서로 섞여지는 것은 오직 그 때와 사물의 관계 때문이다.
그 처음은 알기 어렵지만 끝까지 올라가면 알기가 쉬우니 이
것이 本과 末이다.
처음의 말(初爻)은 적용하는 것으로 하고
마침내(上爻)는 끝을 맺는 것으로 하나니라.
만약 저 잡다한 사물 속에서 덕을 가리는 것과 시비를 분별하
는 것은, 즉 그 중간의 爻가 아니면 갖추어지지 않는다].

二與四 同功而異位**하야** 其善**이** 不同**하니** 二多譽**코** 四多懼**는**
近也**일새니** 柔之爲道 不利遠者**컨마는** 其要无咎**는** 其用柔中
也**일새라**


[二효와 四효는 공은 같아도 자리가 다르므로 그 좋음(선함)이
같지 아니하니 二효에는 영예로움이 많고, 四효에는 두려움이 많
은 것은 왕과의 자리가 가깝기 때문이니, 부드러움의 道됨이 (剛
또는 五효로부터) 멀리한 것이 이롭지 않지마는 허물이 없을 수
있는 것은 유(柔)이면서 중(中)을 쓰기 때문이다].


三與五 同功而異位**하야** 三多凶**코** 五多功**은** 貴賤之等也**일새**
**니** 其柔**는** 危**코** 其剛**은** 勝耶**인져**
噫**라** 亦要存亡吉凶**인댄** 則居可知矣**어니와** 知者觀其彖辭**하**
**면** 則思過半矣**리라**


[三효와 五효는 공(功)이 같지만 자리가 다르다.
三효에는 흉함이 많고 五효에는 공이 많은데
그것은 귀천의 차등 때문이다.
거기에 너무 유하게만 하는 것은 위태하고
강함을 가지면 이겨낸다.
아! 또한 (나라의) 존망과 길흉을 가만히 살펴보건대
거(居)한 상태에서 가히 알려니와 지혜로운 자가 그 단사(彖辭)
를 살펴보게 되면 그 생각함이 절반은 넘을 수 있을 것이다].

## 第三節

易之爲書也 不可遠**이오** 爲道也 屢遷**이라**
變動不居**하야** 周流六虛**하야** 上下无常**하며** 剛柔相易**하야** 不可爲典要**오** 唯變所適**이니라**


[역이란 어떤 책(글)인가. 멀리함이 옳지 않고,
道의 됨이 자주 옮기는지라 변동하여 머물러 있지
않음으로써 여섯 자리(六虛 또는 천지사방)에 두루
이행(移行)하야 오르고 내림이 무상하며,
剛과 柔가 서로 바뀌므로 하야 가히 고정된 법규로 삼을 수
없고, 오직 변하는 데에 따라 가는 것이다].


變動**은** 以利言**하고** 吉凶**은** 以情遷**이라**
是故**로** 愛惡相攻而吉凶**이** 生**하며**
遠近**이** 相取而悔吝**이** 生**하며**
情僞 相感而利害生**하나니**
凡易之情**이** 近而不相得**하면** 則凶或害之**하며** 悔且吝**하나리라**


[변동은 이로울 것을 생각해서 말하고
길흉은 마음속에 품은 대로 옮겨지는지라
이러므로 사랑하고 미워함이 서로 다퉈서 길과 흉이 생기며,
멀리서와 가까이서 서로 취함으로써 후회와 인색함이
생기며, 실상과 거짓이 서로 교감하여 이로움과 해로움이 생겨나니,
무릇 易의 정황이 가까이 하고서도 서로 얻지 못한즉
흉하거나 혹 해로운 데 이를 것이며, 후회되거나 또한 인색한

꼴만 당하느니라].


  將叛者**는** 其辭慙**하고** 中心疑者**는** 其辭枝**하고**
  吉人之辭**는** 寡**하고** 躁人之辭**는** 多**하고**
  誣善之人**은** 其辭游**하고** 失其守者**는** 其辭屈**하니라**


[장차 배반하려는 사람은 그 말에 부끄러움이 있고,
중심에 의심을 가진 사람은 그 말이 헷갈린다.
당장 신세가 좋은 사람은 말이 적고, 조급한 사람은
그 말이 너무 수다스럽다.
또 남을 속이고자 하는 사람은 그 말을 헛되이 한다.
그리고 지조를 잃은 사람은 그 말이 비굴하니라].


  其出入以度**하야** 外內**에** 使知懼**하며** 又明於憂患與故**라** 无有
師保**나** 如臨父母**니라** 初率其辭而揆其方**컨대**
  既有典常**이어니와** 苟非其人**이면** 道不虛行**하나니라**


[그 나가고 들어옴을 법도로써 하야 안과 밖을 언제나
두려움으로 경계하도록 하며, 또 우환과 더불어 연고를 밝히는
지라, 스승의 보호함이 있지 아니하나 부모 앞에 임(臨)함 같이
할지니라.
처음부터 그 말을 쫓아서 그 방법이 어찌된 것인지 헤아리건
대, 거기에는 이미 법례와 상도(常道)의 원리가 있으니, 진실로
그런 인격을 갖춘 사람이 아니면 도(道)는 헛되이 행하여 지지
아니 하느니라]. (끝)

# 主要參考書目

備旨具解 原本周易(上·下經), 明文堂板.

새로운 周易繫辭傳硏究, 朴用載編述, 무진미래사, 2004.

周易傳義大全, 金碩鎭譯解, 大有學堂, 1996.

周易本義, 朱熹撰, 蘇勇校註, 北京大學出版社, 1992.

易學啓蒙, 朱熹著, 金尙燮解說, 예문서원, 1994.

啓蒙傳疑, 李滉著, 姜天奉註解, 退溪學報社, 1974.

周易四箋, 丁若鏞著, 金在泓口訣, 이회출판사, 2007.

易經(上·中), 今井宇三郎著, 明治書院, 1987.

易, 本田 濟著, 朝日新聞社, 1997.

# 圓齋 朴用載 先生의 年譜

　　1920년(庚申) 11월 7일(음력). 平安南道 价川郡 朝陽面 桐材里에서 부친 朴炳植, 모친 善山 吉氏의 三男 四女 중 長男으로 출생. 价川은 祖母(兎山 弓氏)의 출생지. 夫人 延日 鄭氏 癸亥生. 幼年(7세-13세)에 書堂에서 小學·四書를 학습하다.

　　1940년(21세). 故鄉 成川으로 이사하여 24세까지 거주. 平安南道 成川郡 成川面 興德里 水德마을은 魯城 朴氏의 14代 世居地.

　　1943년(癸未年 24세). 봄에 '南朝鮮'을 志向하여 慶北 豊基로 家率과 함께 이사하여 6년간 거주. 24세부터 3년간 周易工夫에 매진. 이 기간에 5일 동안 잠이 안 오며 눈뜬 상태로 지내다가 心眼이 열리는 체험을 하다.

　　1945년(乙酉年 26세). 解放 후 정부수립 시기까지 정국혼란의 時局을 周易의 水雷屯卦에 비겨보고 易應用의 主見을 세우다.
　　이 시기에, 白凡 金九 선생의 前途가 險難함을 (易屯卦六二爻辭로서) 豫知하여 事前에 豫防策을 건의하고자 京橋莊으로 찾아갔으나 경호인의 저지로 뜻을 이루지 못하다. 이때에 金昌淑 선생을 방문하고 시국을 논하며 한동안 교분을 돈독히 하다.

1949년(己丑年 30세).  忠淸道 公州 지역으로 이주할 목적으로 이사 도중 廣川에 머물면서 庚寅년(1950) 6·25전란을 겪다. 잠시 靑陽郡 大峙面 鵲川里로 피난하다 다시 廣川으로 되돌아오다.

公州郡 新豊面 萬川里 玉露峰 下에 居住하다. 論山郡 豆磨面 龍洞里 三區로 이사. 大田 柳川洞을 거쳐 現 居住地 槐亭洞에 定着하다. 가업(농사와 견직업)에 종사하며 讀易생활을 계속하다.

1955년(36세).  江原道 五臺山 月精寺 上院庵에서 6개월(3월-8월) 동안 수양 공부를 하다. 이후 가업에 종사하며 讀易생활을 계속하다.

한때 오대산의 方漢岩 선사를 찾는 求道行脚이 있었으며, 부여의 也山 李 達 선생을 찾아 주역대담도 하였으며, 부여 曲阜書堂의 瑞巖 金熙鎭 선생과는 오랜 교분을 맺기도 하다.

1983년(64세) 8월.  서울의 한 周易硏究 모임(以以會)의 초빙으로 주역강의를 시작, 이후 20여 년 동안 이 모임을 정성을 다 해서 이끌었으며, 후일 이 모임의 이름을 地雷復卦의 卦義에 따라 休復會라고 이름 하게 되었다.

이 기간 중에(80-90년대), 부산의 東方精神文化學會의 초빙으로 周易과 皇極經世書의 강독을 한동안 이끌었으며, 경주의 東都古典硏究會에서도 周易 繫辭傳의 강독을 이끌어주시다.

1997년 12월 26일.  선생의 제안과 후원으로 休復會는 休復易經學會로 개편하여 역경연구와 동인들의 친목을 도모하는 학술 단체가 되었다.

2002년 12월. 休復易經學會는 선생의 恩德을 기리고자 83세 생신을 기념해서 선생의 평생 學易의 結晶인 "周易 繫辭傳의 文章次序 改修編" 漢文(原本)을 上梓하였다.

2004년 5월. 朴圓齋先生 編述 "새로운 周易 繫辭傳 研究"가 无盡未來研究院·學易齋 출간으로 上梓되었다.

2007년 10월. 『『原本周易』 入門』(朴用載編述·高聖勳註解)을 한국학술정보(주)에서 출간하였다. 이 책은 朴圓齋 先生의 米壽年(2007년)을 기념하여 출간하는 문집이며, 선생의 두 번째 저술이 된다.

## 周易 공부, 原點으로의 回歸

史路 金日坤(부산대학교 명예교수)

　원재(圓齋) 朴用載 선생님께서 이번에 "『原本周易』 入門"이라
는 책을 내게 되었습니다. 선생께서는 周易에 대한 硏究에 한평
생을 바쳤습니다. 그리고는 지난 2004년에 첫 번째 著述인『새로
운 繫辭傳 硏究(文章次序改修및譯解)』를 출판하셨습니다. 그러므
로 이번 책은 선생님의 두 번째 著述입니다.

　선생님은 20대부터 周易에 관심을 가지시고, 수십 년 동안 몇
천 번을 읽고 생각한 끝에, 첫 번째 著述을 냈습니다. 선생께서
는 계속 周易을 읽어가면서, 특히『계사전(繫辭傳)』의 글들이 전
후로 연결되는 논리가 무엇인가 걸리는 것이 있다고 느꼈던 것입
니다. 옛날부터 儒家에서는 古典들의 내용에 대해서는, 감히 후
세의 사람들이 고치려고 덤벼서는 안 된다고 믿어져 왔습니다.
말하자면 그 글들은 하나의 聖域이었던 것입니다.

　우리나라의 朝鮮朝시대만 하더라도, 古典의 文章을 자칫 잘못
건드리면 사문난적(斯文亂賊)으로 몰릴 수 있었습니다. 그러나
지금은 새로운 시각(視角)에서 고전을 논구(論究)할 수 있게 되
었습니다. 그러므로 圓齋 선생께서는 오랫동안 지녀 왔던 논구

(論究)를, 하나의 새로운 시도(試圖)로서 학계(學界)에 던진 것입니다. 물론 선생님의 이 저서는 계사전의 문장을 한 자(字)라도 고친 것은 없고, 다만 차서(次序)의 개수(改修)를 꾀한 것입니다.

이제 圓齋 선생께서는, 그 후 약 2년이 지난 지금, 다시 『原本周易』入門을 출간하게 된 것입니다. 이번 저술은 周易을 새로 공부하고 연구하려는 사람들에게 아주 유익한 시사(示唆)를 줄 것으로 믿어집니다. 그리고 처음 저술이 하나의 학문적 성과라고 한다면, 이번 저술은 주역을 배우는 후학들에게 그 공부의 길잡이 역할을 하는 것이라 생각됩니다.

필자는 부산에서 아산(亞山) 김병호(金炳浩) 선생으로부터 주역을 배웠습니다. 처음 주역을 배울 때 필자는, 周易에 대해서 반신반의(半信半疑)하는 입장이었습니다. 왜냐하면 그 시기까지, 옛날의 주역 책을 들여다보았을 때, 잘 알 수 없는 여러 가지 그림이나 기호가 나오고, 그것이 현대인에게도 커다란 의미가 있는 것인지는 도무지 알 수가 없었기 때문입니다. 게다가 본인은 인문과학(人文科學)과는 거리가 먼 사회과학 특히 경제학을 전공한 사람이기도 했습니다. 그러나 주역(周易)을 공부하게 되자, 정말 지금까지는 상상조차 할 수 없었던 새로운 동양학(東洋學)의 세계(世界)가 있다는 것을 알게 되었습니다. 그리고 강의가 진행될수록 人生, 社會, 國家나, 그리고 歷史, 思想, 文化의 領域에서, 易經은 아주 커다란 의의(意義)를 지닌다는 것을 알 수 있게 되었습니다.

아산(亞山) 선생이 돌아가시고 나서도, 우리는 더욱 공부하고 싶은 갈구(渴求) 때문에 東方精神文化學會를 창립하였습니다. 그리고 회원을 넓히면서 공부를 계속하였습니다. 그럴 때 인연이 있어 원재(圓齋) 선생님을 부산에 모셔서 강의를 듣게 되었습니다. 이리하여 원재 선생께서 우리에게 처음으로 강의하신 교재가 바로 『原本周易』이었습니다. 선생께서는 『원본주역』을 강의하시면서 周易의 본문뿐만 아니라 세주(細註)까지 자세하게 읽어주셨습니다.

『원본주역』은 朝鮮朝시대에 있어서는 하나의 기본(基本) 교과서(敎科書)였습니다. 원래 이 책은 명(明)나라 때, 칙명(勅命)으로 40여 명의 학자들이 편찬한 『周易傳義大全』을 저본(底本)으로 한 것입니다. 이 책에 우리나라의 『周易諺解』를 붙여 교재로 삼은 것입니다. 그러므로 우리 조상들이 주역을 공부하는 原點은 바로 『원본주역』이었습니다. 지금은 보다 현대화된 周易에 관한 많은 책이 출간되어 있습니다. 그러나 어느 정도의 공부를 하고, 보다 깊은 연구를 하기 위해서는, 누구라도 周易공부의 原點인 『原本周易』으로 회귀할 필요가 있는 것으로 생각됩니다. 그러한 사람들에게 있어서는 이번 선생님의 저술이 귀중한 자료가 될 것입니다. 왜냐하면 漢文으로 된 『原本周易』의 총론적인 부분[首卷]을 현대인도 알 수 있도록 쉽게 解說한 것이 이번에 출간되는 책이기 때문입니다.

圓齋 선생님은 아주 드문 在野 학자라 생각됩니다. 그 면모(面貌)를 보면 다음과 같습니다. 첫째로 20대에 주역에 대해서 관심을 가져 그 후로 평생 동안 공부를 해 온 분입니다. 둘째로 어느 학자로부터 배우지 않고, 줄곧 혼자서 연구를 해 오신 분입니다. 셋째로 일제 강점기 말기에, 가족을 거느리고 남한으로 내려오는

先見之明이 있었던 분입니다. 넷째로 남한으로 내려와 정착하였을 뿐 아니라, 경제활동을 순조롭게 하여 생활을 궤도에 올린 분입니다. 다섯째로 주역을 홀로 공부할 뿐만 아니라, 경향 각지에서 후진을 많이 양성하셨습니다.

이제 여기에 원재 선생님의 빛나는 두 권의 저술을 세상에 보이게 하는 데 숨은 공로자가 있다는 것을 첨언(添言)하지 않을 수 없습니다. 필자도 동참하고 있는 서울의 休復易經學會의 회장이신 高聖勳 선생이 바로 그 노력을 하신 분입니다. 70대의 후반인 나이에, 감당하기 어려운 컴퓨터 입력이나, 편집에, 高會長이 고된 노력을 아끼지 않았기 때문에, 원재 선생님의 두 권의 저술이 햇빛을 볼 수 있었다는 것을 말씀드리지 않을 수 없는 것입니다.

끝으로 우리 易經을 공부하는 後進들에게, 圓齋 선생께서 오랫동안 가르침을 주신 것에 대하여, 도반(道伴)들과 더불어 깊이 감사를 드립니다.

## 跋 文 (2)

白川　趙明彙(철학박사)

　　米壽의 年歲에 本書를 편술하신 圓齋 朴用載 先生의 意志를 찬양하지 않을 수 없고, 盡誠에 감복하지 않을 수 없다.

　　오랜 세월 곁에서 지켜본 필자이지만, 선생님은 易經에 대한 관심이 남다르시고 易理를 實踐躬行하시는 모습이 가히 두려운 바가 있어, 그의 곁에서는 항상 조심을 하지 않을 수 없게 한다. 그는 語訥(어눌)하시지만, "聖賢의 말씀으로 對人하시고 聖賢에 가까이 접근하려고 노력하시는 분이시다"라고 말하고 싶다. 그렇기 때문에 두렵다고 한 것이다. 孔子께서는 "君子가 두려워해야 할 것이 세 가지가 있는데, 첫째가 天命이고 둘째가 大人이고 셋째가 聖人之言이다"라고 하였다. 圓齋先生의 말씀과 행실은 앞에서 기록한 대로이기에 여기 再論하지 않는다.

　　이 책은 서두에서 "周易入門에 도움을 주려는 데 있다"라고 그 목적을 밝힌 바 있다. 周易은 古來로 難解한 데가 있어 접근하기가 쉽지 않다는 것은 周知하는 바이다. 참고로, 필자가 처음 易에 入門할 때의 상황을 회상해 본다. 獨學으로 易을 처음 乾卦로부터 하루 量과 讀誦回數를 정해놓고 시작하고 있을 때, 某

人이 말하기를 "易을 공부하는 데는 순서가 있다. 먼저 繫辭傳을 보라"고 권하던 생각이 난다. 그다음에 本經을 읽으라는 말이다.

圓齋先生은 周易에 入門하려는 後學들을 위하여 도움을 주고자 이 책을 편술하였다. 難解한 본경에 들어가기 전에 준비를 하기 위하여, 서론 부분인 제1장에서 繫辭傳과 說卦傳의 槪要를 설명함으로써 이해를 돕도록 하였고, 제2장에서는 周易의 핵심이 되는 命題를 다각도로 다루었다. 본론 부분인 제3장에서는 『原本周易』(周易傳義大全)의 「卷首」 부분을 자세히 주해하여 실었다. 이 「卷首」는 『周易傳義大全』의 解題로서 중요한 내용인 데도 불구하고, 종래 讀易하는 이들이 소홀히 다루어 온 부분이라 할 것이다. 부론격인 제4장과 5장에서는 說卦傳의 全文註解와 繫辭傳의 全文對譯文을 싣고 있다.

易을 옳게 理解한다는 것은 쉬운 일이 아니다. 왜냐하면, 天地를 論하였기 때문이다. 繫辭傳에 "易은 天地準"이라, "易은 天地相似"라, "易은 廣矣大矣"라 하였으니 보는 이에 따라 區區할 수밖에 없다. 그래서 偏見에 흐르지 않도록 "仁者見之에 謂之仁이요, 知者見之에 謂之知라"고 경계하고 있다. "여름매미는 겨울을 모른다." 고 傳해오는 말이 있다. 四時를 알려면 매미가 되어서는 안 된다.

圓齋先生은 이러한 側面에서 後學들이 易을 바로 보지 못할까 항상 염려하는 분이시며, 바르게 易을 이해시키려고 이 책을 펴낸 것이다. 平生을 易과 함께하셨으니 易에 入門하려는 분들에게는 선생님의 見解가 많은 도움이 될 것으로 思料된다.

　　지난 甲申年(2004년)에 『새로운 繫辭傳研究』(文章次序改修 및 譯解)를 編述하신 데 이어서 두 번째로 本書를 내놓게 되었으니 더욱 感懷가 깊고 더욱 延壽하시어 더욱 좋은 말씀을 많이 남겨 주시기를 眞心으로 祈願하는 바이다.

　　끝으로, 이 책을 펴내는 데 産婆役을 맡아 너무나 어려운 일을 해내신 高聖勳 회장께 치하의 말씀을 드린다. 또한 편찬위원과 학술위원을 비롯한 門弟들의 협력에 감사하며, 學問精進과 健鬪를 再三 비는 바이다.

韓國休復易經學會 會長 高聖勳

우리(역경학회)는 圓齋 朴用載 선생의 學恩에 조금이라도 보답하려는 뜻에서, 지난 2004년 6월에 先生이 편술하신 『새로운 繫辭傳硏究(章次改修)』를 출간한 바 있습니다.

그 책은 圓齋 선생의 평생에 걸친 讀易과 20여 년의 講易을 통해서 얻은 學究의 結晶이며, 선생의 뜻을 받들어 同仁들이 합심·협력하여 정성으로 지어낸 공동작품이었습니다. 이로써 眞理를 사랑하며 周易의 세계를 이해하려는 모든 이들에게 조금이라도 도움이 된 것을 함께 기뻐하였던 것입니다.

이번에는 圓齋 선생의 뜻에 따라 『原本周易入門』을 출판하면서, 아울러 올해로 米壽를 맞이하시는 선생님의 鴻恩에 보답하고 그분의 만수무강하심을 축수하고자 한 것입니다.

『새로운 繫辭傳硏究』를 출간한 이후, 평소 圓齋 선생은 周易에 入門하려는 이들에게 槪論的 안내서의 저술이 필요함을 생각하고 기회 있을 때마다 이를 강조하여 오셨습니다. 이미 우리가 가지고 있는 교재, 『備旨具解 原本周易』(『주역전의대전』)에 실려 있는 「卷首」편의 개론적 내용에 주목하기에 이르고, 그래서 손수이 「卷首」편의 각론을 편술하여 우리들에게 보여주기 시작했습니다. 또한 이 「卷首」全文의 註解에 앞서 그 導入部(서론) 격인 주역의 핵심이 되는 개념들을 별도로 해설하는 글을 저술하여 제시하면서, 한 권의 책으로 펴내기를 우리에게 권유하셨습니다. 이렇게 해서 『原本周易入門』이 이루어지게 된 것인데, 참으로 圓齋 선생의 後學들을 위한 따뜻하고 자상한 心志에 다만 승복하지 않을 수 없었습니다.

이 책의 목적은 "周易入門"에 도움을 주려는 데에 있으며, 그래서 책의 제명을 『原本周易 入門』이라 하였습니다. 그 저본(底本)으로 삼은 『備旨具解 原本周易』은 해방 전부터 오늘에 이르기까지 우리 사회에서 동양의 고전(古典)인 주역(周易)을 연구하는 크고 작은 모임들이 채택하고 있는 공통적인 표준교재(敎材)로서 현재는 明文堂板으로 시중에 유통되고 있습니다.

이 『備旨具解 原本周易』은 明나라의 영락(永樂) 연대에(1414년), 칙명(勅命)에 의해 호광(胡廣)을 대표로 하는 40여 명의 학자들이 편찬한 『周易傳義大全』을 底本으로 하고, 그 본경(易本經)에 우리나라의 「주역언해(周易諺解)」를 붙여서 교재(敎材)로 만든 것입니다. 『周易傳義大全』은 정자(程子)의 『역정전(易程傳)』의 「전(傳)」과 주자(朱子)의 『역본의(易本義)』의 「의(義)」를 따서 『傳義大全』이라 하듯이 정주(程・朱)의 「역전(易程傳)」과 「본의(易本義)」를 합본하고, 역대의 역학자들의 역설(易說)을 세주(細註)로 삼아 편집한 것입니다. 이 『주역전의대전』은 오늘에 이르기까지 주역(周易)의 대표적인 주석서(註釋書)의 하나로서 후학들의 주역공부에 큰 도움을 주어왔습니다.

　우리(학회)의 주역공부의 시작도, 이『備旨具解 原本周易』(上・下經)을 교재로 삼아 주역본경의 읽기공부를 시작했던 것인데, 亞山 金炳浩 선생의 名講義(1979)의 힘(德)으로 역경의 세계로 입문하고 눈을 뜰 수 있게 되었습니다. 그분이 돌아가신 후, 圓齋 朴用載 선생을 만날 수 있었는데(1983), 圓齋 선생도『備旨具解 原本周易』(上・下經)을 교재로 삼았습니다. 그런데 대개의 경우 강의의 시작에 선생들 자신의 입문적 해설이 있기 마련이지만,『備旨具解 原本周易』의 앞머리「卷首」편의 내용에 대해서는 공부하는 이들이 각자 읽어보라고 권할 뿐,「卷首」편의 각론을 친절히 읽어주지 않는 것이 보통입니다. 그래서 끝내 그 내용에 대해서 이해를 하지 못하고 소홀히 넘어가는 것이 통례가 아닌가 생각됩니다. 그러나 실은 한문 원문으로 된「卷首」문의 각론을 혼자 읽어나가기에는 초심자에게는 큰 부담이었던 것입니다. 이제 本書가 출간됨으로써 이러한 어려운 고비를 잘 넘을 수 있게 될 것입니다.

　이제, 책의 편집을 마치고 출판에 부치면서, 여러 가지로 도움을 주신 분들에게 감사의 말씀을 드리고 싶습니다. 제일 먼저 초안을 만드신 圓齋 선생께 그동안의 勞苦와 學恩에 진심으로 깊은 감사를 드리며, 올해로 米壽年을 맞이하심에 축하의 말씀을 드립니다.

　이 책의 편집계획과 집필과정을 옆에서 지켜보면서 유익한 조언을 주시고, 발문을 써 주신 史路 金日坤 명예교수(부산대학교)에게 따뜻한 감사의 뜻을 드립니다. 서문을 써 주신 金弼洙 명예교수(동국대학교)와 발문을 보내주신 白川 趙明彙 박사에게도 언제나 한결같이 도와주신 데 대해서 고마운 말씀을 드립니다. 표지 디자인에 『原本周易入門』을 題書해 주신 愚山 權五寅 선생께 그 한결같은 우정에 감사드리며, 책의 초안원고의 교정을 꼼꼼하게 봐주신 明山 李仁喜 선생께도 도반의 우정으로 감사를 드립니다.

이 책의 집필과 편집과정을 옆에서 격려해 주신 西湖 金吉助 명예교수(중앙대학교)와 貴澹 權英一 선생, 그리고 一華 金東然 선생님들의 변함없는 우의에 감사를 올립니다. 그리고 이 책을 출판해 주시기로 결단을 내려주신 한국학술정보(주)의 사장 채종록 사장님과 권현옥 출판사업부 차장님, 그리고 편집·디자인에 수고하신 여러분에게 감사의 말씀을 드립니다.

다시 한 번 圓齋 朴用載 선생님의 米壽年을 축하드리며, 白壽에 이르시어 우리들의 축하를 받으시기를 祝壽합니다.

## 『原本周易』入門


| | |
|---|---|
| • 초판 인쇄 | 2007년 10월 30일 |
| • 초판 발행 | 2007년 10월 30일 |
| • 편술 / 주해 | 박용재 / 고성훈 |
| • 펴 낸 이 | 채종준 |
| • 펴 낸 곳 | 한국학술정보㈜ |
| | 경기도 파주시 교하읍 문발리 513-5 |
| | 파주출판문화정보산업단지 |
| | 전화　031) 908-3181(대표) · 팩스　031) 908-3160 |
| | 홈페이지　http://www.kstudy.com |
| | e-mail(출판사업부)　publish@kstudy.com |
| • 등　　록 | 제일산-115호(2000. 6. 19) |
| • 가　　격 | 23,000원 |

ISBN　　978-89-534-7445-1 93150 (Paper Book)
　　　　　978-89-534-7446-8 98150 (e-Book)